江苏省高级人民法院公报

GAZETTE OF THE HIGHER PEOPLE'S COURT OF JIANGSU PROVINCE

江苏省高级人民法院　编

法律出版社

图书在版编目(CIP)数据

江苏省高级人民法院公报. 2021 年. 第 1 辑 : 总第 73 辑 / 江苏省高级人民法院编. -- 北京 : 法律出版社, 2021

ISBN 978-7-5197-5982-7

Ⅰ. ①江… Ⅱ. ①江… Ⅲ. ①法院-文件-汇编-江苏-2021 Ⅳ. ①D926.229

中国版本图书馆 CIP 数据核字(2021)第 200459 号

江苏省高级人民法院公报
(2021 年第 1 辑:总第 73 辑)
JIANGSUSHENG GAOJI RENMIN FAYUAN GONGBAO
(2021 NIAN DI-1 JI:ZONG DI-73 JI)

江苏省高级人民法院 编

责任编辑 冯高琼
装帧设计 汪奇峰 鲁 娟

出版发行 法律出版社
编辑统筹 法规出版分社
责任校对 张红蕊
责任印制 张建伟
经　　销 新华书店

开本 A4
印张 4.75　**字数** 96 千
版本 2021 年 11 月第 1 版
印次 2021 年 11 月第 1 次印刷
印刷 三河市兴达印务有限公司

地址:北京市丰台区莲花池西里 7 号(100073)
网址:www.lawpress.com.cn
投稿邮箱:info@lawpress.com.cn
举报盗版邮箱:jbwq@lawpress.com.cn

销售电话:010-83938349
客服电话:010-83938350
咨询电话:010-63939796

书号:ISBN 978-7-5197-5982-7
定价:15.00 元

凡购买本社图书,如有印装错误,我社负责退换。电话:010-83938349

江苏省高级人民法院公报

2021 年第 1 辑(总第 73 辑)

江苏省高级人民法院工作报告

——2021 年 1 月 28 日在江苏省第十三届人民代表大会第四次会议上

江苏省高级人民法院院长　夏道虎

各位代表：

现在，我代表江苏省高级人民法院向大会报告工作，请予审议，并请各位政协委员提出意见。

2020 年全省法院工作

一年来，全省法院坚持以习近平新时代中国特色社会主义思想为指导，认真贯彻中央、省委、最高人民法院决策部署和省十三届人大三次会议精神，紧紧围绕"努力让人民群众在每一个司法案件中感受到公平正义"目标，深化高质量司法实践，以为民司法书写忠诚，以公正司法诠释担当，服务保障疫情防控和经济社会发展，为"强富美高"新江苏建设作出了积极贡献。全省法院受理案件 202.5 万件，审执结 179.6 万件，同比分别下降 10.4%、9.6%；省法院受理案件 33705 件，审执结 18214 件，同比分别上升 25.7%、11.2%。

一、强化司法应对，服务保障夺取"双胜利"

依法维护抗疫秩序。面对突如其来的新冠疫情，全省法院闻令而动，共组织 11.8 万人次投身抗疫一线，参与依法防控。省法院组织疫情应对专题调研，出台 19 份审判业务文件，加强常态化应对的分类指导。一审审结暴力伤医、制假售假、造谣传谣等犯罪案件 827 件，5 个案例入选全国法院惩处妨害疫情防控犯罪典型案例。建湖法院对拒不遵守防疫规定、殴打医生的唐修伟从严惩处，依法保护"最美逆行者"。宜兴法院紧急解冻远东集团银行账户，支持该企业驰援武汉火神山、雷神山医院建设。

精准服务"六稳""六保"。一审审结涉疫情民事、行政案件 2847 件，4 个案例入选全国法院服务保障复工复产典型案例。依法保护市场主体，发挥破产重整制度功能，促进 56 家企业摆脱困境。南通中院依法延长磐宇公司破产重整期限，推动恢复口罩生产，帮助企业"起死回生"。推动落实金融惠企政策，纾解企业资金困难。苏州中院调解两起案值达 5.5 亿元的金融案件，引导双方达成延期还款协议，盘活了企业流动资金。加强涉疫情民生保障，妥善审理涉教育培训、房屋租赁等案件，合理平衡当事人利益，引导各方共担风险、共克时艰。

在线高效办理案件。全省法院网上立案62.1万件，网上开庭7.7万件，网上调解5.1万件，网络查控109.1万件次，实现“审判执行不停摆，公平正义不止步”。省法院研发全国首个庭审小程序“互联网开庭”，实现“指尖诉讼、网上解纷”。与省公安厅在全省推广驻看守所科技法庭，有效破解刑事被告人“出不来、进不去”的开庭难题。南通中院研发“支云”在线庭审系统，被最高人民法院安装应用，成为援助湖北的三个信息化建设项目之一。

二、依法惩治犯罪，推进更高水平平安江苏建设

决战决胜扫黑除恶专项斗争。三年来，全省法院以雷霆之势推进扫黑除恶，一审审结涉黑涉恶案件1125件，判处8063人；集中攻坚大案要案，5件全国扫黑办挂牌督办案件全部审结，圆满完成“案件清结”任务。树牢铁案意识，依法改变涉黑涉恶案件定性25件，依法建议变更起诉22件。严惩黑恶势力保护伞、关系网，审结相关案件270件，判处290人；开展“大排查大起底”，移送“伞”“网”线索429条。对5年来涉黑涉恶罪犯减刑假释案件开展“回头看”，确保刑罚变更执行依法严格规范。开展“黑财清底”专项执行，执结1656件，执行到位29.5亿元。建立健全组织领导、依法严惩、“打财断血”等17项制度机制，积极参与重点行业专项整治，发送司法建议938条，推动堵漏建制、长效常治。

依法惩治各类刑事犯罪。一审审结刑事案件7.7万件，其中故意杀人等暴力犯罪案件4999件。依法判处“28年前南医大女生被害案”“马氏兄弟暴力抗法案”“单正龙奸杀女童案”被告人死刑，除恶务尽决不手软。依法惩处“多次从楼顶抛重物”“生猪检疫徇私舞弊”“单手飙车时速超250公里”等犯罪行为，维护群众头顶上、舌尖上、车轮上的安全。审结全国首例用“暗网”传播淫秽物品牟利案等网络犯罪案件，维护安全清朗网络环境。一审审结“3·21”爆炸事故案，依法惩处53名被告人和7个被告单位；建立安全生产案件必发司法建议制度，服务提升本质安全水平。

始终保持惩治腐败高压态势。一审审结贪污贿赂、渎职等案件861件，判处892人，其中龚怀进、张东海等原厅局级以上干部12人，县处级73人。审结最高人民法院指定管辖的项俊波、孟伟、赵洪顺等重大职务犯罪案件，巩固反腐败斗争压倒性胜利成果。审结贪污挪用、虚报冒领扶贫款等案件51件，坚决斩断伸向扶贫资金的黑手。持续开展职务犯罪涉财执行行动，执结案件184件，执行到位2.3亿元。积极参与国际追逃追赃专项行动，决不让腐败分子逍遥法外。

三、围绕中心大局，依法护航高质量发展

优化法治化营商环境。贯彻新发展理念，服务保障重大战略实施，深入推进南京法治园区建设，进一步集聚优质司法资源。一审审结商事案件12.6万件，标的额1663.2亿元。服务长三角一体化发展，与沪、浙、皖高院和四地知识产权局建立科技创新知识产权司法与执法协作机制；四地高院共同发布 24 个典型案例，统一区域裁判尺度。服务民营经济发展，联合省工商联建立服务民营经济协作机制，开展“以案释法进民企”等系列活动，促进企业防范风险、合规经营。宜兴法院依法支持企业和金融机构，运用物联网技术创新质押和贷后监管方式，帮助 70 多家企业获得贷款 13.5 亿元，既有效增强了银行放贷安全感，又有效缓解了中小微企业融资难融资贵问题。服务供给侧结构性改革，依托省政府支持，在全国率先实现企业破产处置府院联动省市县全覆盖，与省税务局建立企业破产涉税事项办理机制；成立南京、苏州破产法庭，完善专业化审判机制；审结破产案件 2263 件，化解不良债权 1433.7 亿元，安置职工 4.2 万人，盘活土地房产 5559.6 万平方米。溧阳法院在“申特系”企业破产重整中，推动整体出租经营，实现炼钢高炉“不熄火”，3000 员工“不下岗”，帮助企业引入战略投资 176 亿元，形成千亿级新产能。

促进创新驱动发展。牢固树立“保护知识产权就是保护创新”理念，一审审结知识产权案件 1.9 万件；在 45 件案件中依法适用惩罚性赔偿，最高判赔 4000 万元。强化科技创新司法保护，加强涉生物医药、集成电路等战略性新兴产业专利案件审判工作，服务我省现代产业体系建设。维护知识产权领域国家安全，制定加强涉外知识产权审判 15 项措施，向省委省政府专题报告涉外技术类案件审理情况，推动解决“卡脖子”问题。在华为公司与康文森公司专利纠纷案中，首次判决确定我国企业使用外国标准必要专利许可费率，为最高人民法院最终促成双方全球和解打下良好基础，有力维护了我国司法主权和企业合法权益。强化著作权保护，服务文化产业发展，与省版权局推动吴江丝绸产业成为世界知识产权组织版权保护优秀案例示范点；淮安中院一审审结童话大王郑渊洁实名举报、中宣部等四部门挂牌督办的特大制售盗版出版物案，入选“中国 2020 年度十大版权热点案件”。

防范化解金融风险。一审审结金融案件 7.4 万件，标的额 903.7 亿元，发布金融审判白皮书和典型案例。持续参与非法金融活动专项整治，建立防范和打击“套路贷”及虚假诉讼“333”机制，有效遏制此类违法犯罪，金融环境持续净化，新收一审民间借贷案件同比下降 30.2%。审结“爱晚系”“统资联”等集资诈骗案件，有序推进涉案财产处置，最大限度减少群众损失。妥善审理债券违约、证券虚假陈述等重大案件，南京法院依法审结“原油宝”系列案件全国第一案，在全国首次批量适用代表人诉讼审理证券虚假陈述案，维护资本市场秩序。

服务高水平对外开放。聚焦构筑高水平对外开放新高地，打造涉外商事海事争端解决优选地。一审审结涉外、涉港澳台案件 1614 件，办理司法协助案件 673 件。加快专业化建设，在苏州设立全国首家地方法院国际商事法庭，成立仅一个月即受理案件 213 件，审结 60 件，有力服务开放创新发展。南京海事法院成立一年来，受理案件2306件，标的额74.2亿元，审执结1621件，当事人涉及“一带一路”沿线30多个国家和地区；与省交通厅、江苏和连云港海事局建立协作机制，扣押船舶123艘；在一起船舶建造案中，挪威船东主动选择南京海事法院管辖，27天即调解结案。江苏海事司法开局良好，国际影响力显著提升。

四、践行为民宗旨，推动创造高品质生活

强化民事权益保护。一审审结民事案件65.5万件，加强涉医疗、教育、就业等民生案件审理，努力让群众拥有实打实的司法获得感。加强人格权保护，审结“朋友圈发帖骂人案”，判令骂人者赔礼道歉并赔偿精神损失；审结“可视门铃侵犯邻居隐私案”，判令拆除门铃，明确自由有限度，权利有边界；审结“胚胎移植手术被拒案”，判令医院为遗孀继续实施移植手术，让司法散发出人性光辉。开展人身损害赔偿城乡统一标准试点，平等保护城乡居民人身权益。参与根治欠薪专项行动，快审快执相关案件，为农民工追回“血汗钱”9.4亿元。加强涉军维权审判，做好涉军停偿下篇文章，切实维护国防利益和军人军属合法权益。

推动打造生态宜居的美丽江苏。一审审结环资案件9328件。审结特大象牙制品走私案，依法严惩犯罪分子，有力践行我国坚决履行生物多样性保护的庄严承诺。创新裁判执行方式，推动筑牢美丽江苏生态基底。在胜科公司公益诉讼案中，积极促成双方调解，企业以“现金+替代性修复”方式赔偿4.7亿元，促进生态环境修复、企业技改升级“两不误”，入选中国十大公益诉讼。淮安中院推动建立全国首个凹土协同保护机制。连云港法院发挥生态修复基地作用，扩容补植423亩，增殖放流鱼虾苗120万尾。落实“长江十年禁渔”重大决策，联合省检察院、省公安厅、省农业农村厅制定严惩非法捕捞刑事犯罪意见，坚决守护“水韵江苏”。镇江中院联合有关部门移除破产企业607吨危化品和固废物，有效避免污染长江。苏州中院牵头大运河沿线6家基层法院联合制定11项措施，保护大运河自然风貌和历史文化。系统总结环境资源审判机制、审判模式、裁判规则、执行方式等创新成果，形成《中国环境司法改革之江苏实践》，我省环资审判“9+1”机制被中央深改委办公室转发推介。

促进和谐家庭建设。持续推进家事审判改革，借助调解员、调查员和心理疏导员等社会力量，巧断家务事。一审审结婚姻家庭案件9.6万件，2个案例入选全国法院人身安全保护令十大案例。保护未成年人合法权益，审结抚养案件8153件。认真做好轻罪记录封存、心理疏导等工作，帮助失足少年回归社会。严惩夸大药品保健品功效、诈骗老年人钱财等犯罪，依法守护百姓“养老钱”。审结赡养案件1618件，发布涉老审判白皮书和典型案例，弘扬敬老爱老传统美德。睢宁法院审结“空巢老人要求子女探望案”，判令子女“常回家看看”，让老人得到亲情慰藉。

学习宣传贯彻民法典。充分发挥人民法院贯彻实施民法典主力军作用，组织编写《民法典重点条文实务详解》，开展全员培训，清理废止审判业务文件75份。成立"民法典宣讲团"，深入机关、军队、社区、企业、学校开展宣讲2996场。利用新媒体发布宣传作品2434期，制作微电影微视频258个，仅无锡中院《民法典的深情与厚意》网络直播就吸引50万人次观看。与省司法厅合作编写《漫画民法典》，邀请著名漫画家参与创作，精选76个典型案例解读民法精神，让民法典走进千家万户。

五、有效化解纠纷，促进实现高效能治理

大力推进一站式多元解纷和诉讼服务体系建设。将诉前调解、立案登记、速裁快审、送达保全等集中到诉讼服务中心，努力让老百姓"走进一个门、事务一站清"。与司法行政机关整合7种非诉解纷资源，与省消保委、人行南京分行分别建立商品房、金融纠纷联动化解机制，完善非诉解纷体系。淮安中院争取市委、市人大常委会支持出台诉前调解40项措施，泰兴法院邀请全国人大代表何健忠设立和谐驿站调解工作室，宿迁法院打造驻院调解、律师调解、乡贤调解、行业调解四大平台，形成了各具特色的纠纷化解品牌。全省法院诉前成功调解纠纷20.1万起，同比增长2.2倍；新收民事一审案件同比下降13.9%，96%的基层法院实现收案总量下降。推进诉讼服务集约化，集中送达实现三级法院全覆盖，跨域立案升级为全域服务，"送达难"问题得到根本性改观，"家门口"的诉讼服务更加便捷高效。

积极参与基层社会治理。下好源头预防"先手棋"，推动"无讼村(居)"建设，持续开展"法官进网格"活动，就地参与调处纠纷25万余起。常州武进法院指导晨山村委会修订"外嫁女"土地权益村规民约，一揽子化解纠纷20余起。发挥人民法庭"前沿阵地"作用，审结案件26.7万件。积极推进"一法庭一品牌"建设，"法润乡风""左邻右理"等品牌得到当地群众普遍认可。

依法妥善处理行政争议。一审审结行政案件15081件。坚持行政审判年报制度，针对行政执法中的问题提出意见建议，助力法治政府建设。强化行政争议实质化解，与省司法厅建立预防化解行政争议联席会议机制，开展行政诉讼法律援助改革试点，配合推进行政机关负责人出庭应诉，一审行政案件协调撤诉率达27.4%。支持监督依法行政，推进行政案件集中管辖全覆盖，探索行政非诉执行案件裁执分离，提升行政审判公信力。连云港中院在全国首创行政调解协议司法确认制度，入选全省十大法治事件。南通开发区法院依法确认冒名婚姻登记行为无效，帮助尚女士彻底解决5次"被结婚"问题，入选2020年人民法院十大案件。

弘扬社会主义核心价值观。充分发挥司法教育、评价、指引、规范功能，审理"鱼塘偷钓溺亡案""醉酒攀桥坠亡案"，依法认定管理人不违反安全保障义务，不让守法者为他人过错埋单；审理"捐款建桥被索赔案"，依法判令捐款者不承担赔偿责任，不让公益热心变寒心；审理“共享单车进小区被拒案”，依法支持物业公司正常管理，维护小区共治共享；审理“团伙碰瓷勒索案”，依法追究刑事责任，让碰瓷者付出沉重代价。通过一系列案件审理，明辨是非、惩恶扬善，树立正气正义，传递法治正能量。

六、健全长效机制，稳步推进“切实解决执行难”

坚持常态化执行攻坚。开展涉民生、金融债权等六大专项行动，保持执行力度只增不减、核心指标只升不降，最大限度实现胜诉当事人合法权益。组织夜间执行、假日执行 3038 次，决定拘留 2260 人次、罚款 2145.9 万元，判处拒执罪 116 人。执结 68 万件，执行到位 1085.6 亿元，平均结案时间同比减少 11.2 天。

强化善意文明执行。制定 34 条措施，将善意文明理念贯彻执行全过程。推广无锡中院“物联网 + 执行”模式，应用物联网电子封条和称重系统，扩大“活封”范围，降低处置成本，最大限度减少对被执行人生产生活的影响。南京江宁开发区法院首次裁定准许以保险保函作为解封担保，既保障债权人利益，又不影响债务人经营。完善失信惩戒分级分类和守信激励修复机制，依法及时删除失信被执行人信息 11.2 万条、解除限制消费 13.4 万人次。

深化执行难综合治理。争取省委全面依法治省委员会支持出台实施意见，建立 31 家单位组成的联席会议制度，综合治理执行难协作机制进一步完善。迭代升级执行“854”模式，让胜诉权益在“最后一公里”加速实现。深入推进“执转破”，将 2708 个企业移送破产审查，促进市场主体有序退出。开展“与个人破产制度功能相当的改革试点”，给诚实而不幸的债务人“重生”机会。

七、深化司法改革，不断提升审判质效和公信力

深化审判权制约监督。制定司法责任制综合配套改革实施意见，细化 8 类办案人员权责清单 203 条，研发审判监督管理平台，构建起多层闭环监管体系，在政法领域全面深化改革推进会上，作为全国法院系统代表介绍经验。盐城中院研发流程节点管控平台，入选全国法院司法改革案例。分别出台审委会、专业法官会议、合议庭工作规则，健全类案强制检索报告机制，制定审判业务文件 27 份，发布参阅案例 32 件，着力解决“类案不同判”问题。

深化诉讼制度改革。贯彻全国人大常委会试点决定，出台 17 项民事诉讼繁简分流改革措施，指导南京、苏州法院扎实推进试点工作，通过制度创新激发司法效能。试点法院适用简易程序和小额诉讼程序审结案件数同比上升 10.3%；适用独任制审结的民事二审案件无一进入再审。深化以审判为中心的刑事诉讼制度改革，启动非法证据排除程序 128 次，依法宣告 4 名公诉案件被告人、20 名自诉案件被告人无罪，裁定准予撤回起诉 52 件，切实保障人权。依法审理国家赔偿案件 334 件，向 3343 名困难群众发放救助金 6365 万元，让人民群众感受司法的公正和温暖。

深化智慧法院建设。持续推进智慧审

判、智慧执行、智慧服务、智慧管理建设，努力以数字正义实现更高水平的公平正义。升级“套路贷”虚假诉讼智能预警系统，被确定为全国法院唯一试点。“江苏微解纷”线上平台，获评全国电子政务卓越奖。“无讼淮安”多元调解平台，获评全国智慧法院十大创新案例。南通法院智慧警务平台，被最高人民法院向全国推广。在智慧法院建设评价指数中，省法院居全国高院第1位，全省法院居全国第3位。

深化司法公开。全省法院直播庭审59.5万场，直播场次和案件占比稳居全国首位。全国法院第1000万场庭审直播在南京环资法庭举行，央视《新闻联播》等主流媒体集中报道。江苏庭审直播经验在全国推广，14家法院获评全国优秀直播法院。公开裁判文书189.7万份，继续保持全国前列。推送审判执行关键节点信息542.6万条，让流程更透明、让当事人更安心。

八、从严管党治院，努力打造高素质法院队伍

把政治建设摆在首位。坚持以新思想武装头脑、指导实践、推动工作，组织开展习近平法治思想专题学习。认真接受省委巡视，狠抓问题整改落实。巩固深化主题教育成果，扎实开展“两个坚持”专题教育和“忠诚核心、勇担使命”主题实践活动。推进基层组织力提升，新沂法院17年持续开展“融入式”党建，最高人民法院召开现场会并发文推广；扬州、泰州中院和镇江润州法院创新经验入选全国法院党建优秀案例。

持之以恒正风肃纪。严格落实全面从严治党主体责任，组织中级法院和南京海事法院党组书记向省法院党组述责述廉，参与相关市委对9家中院的巡察。严格落实防止干预司法“三个规定”，组织开展“三个以案”警示教育和风险点排查整治，实现风险排查人员、岗位全覆盖。坚决清除害群之马，查处利用司法权违纪违法人员95人，11人受到刑事处罚。抓好队伍教育整顿试点指导工作，制定17项措施，成立工作专班进驻徐州对接指导，徐州中院试点做法入选人民法院年度十大新闻。

全面加强履职能力建设。推进“五好五强”领导班子建设，注重培养选拔优秀年轻干部。聚焦审判实务疑难问题，分级分类培训13.1万人次，江苏法官学院被最高人民法院评为“突出贡献分院”。完善人才培养机制，依托省委组织部实施名校优生专项计划，招录50名优秀法科毕业生；开展法官助理分阶培养改革试点，为法官队伍储备人才。强化实践锻炼和专业训练，提升司法能力。7篇裁判文书获评全国“百优”文书，5场庭审获评全国“百优”庭审，10个案例入选最高人民法院指导性案例和公报案例，269个案例入选全国典型案例。

自觉主动接受各方监督。向省人大常委会专题报告知识产权审判工作，认真落实审议意见。主动向省政协通报工作，听取意见建议。省人大代表建议20件、省政协委员提案18件全部办结。办理省人大常委会交办涉诉涉法信访事项943件，走访代表委员 14502 人次，组织人大代表跨省、跨市视察法院工作，邀请代表委员列席会议、旁听庭审等 2289 场 22075 人次。依法接受检察机关诉讼监督，开展检察院调阅法院已生效民事、行政案件副卷试点；审结刑事抗诉案件 261 件，改判、发回重审 92 件；审结民事、行政抗诉案件 167 件，改判、发回重审、调解 119 件；办结各类再审检察建议 844 件，采纳或部分采纳检察建议 462 件。

各位代表，在极不平凡的 2020 年，全省法院知重负重、拼搏担当，圆满完成审判执行任务，结案率和结收案比明显提升，未结案数大幅减少，法官人均办案 293.2 件，39 项工作受到省级以上领导批示肯定，30 项工作在全国性会议上作经验交流，85 个集体、154 名个人受到中央、最高人民法院和省有关部门表彰。这些成绩的取得，离不开各级党委坚强领导、人大及其常委会有力监督、政府大力支持、政协民主监督以及社会各界和各级人大代表、政协委员关心支持。在此，我谨代表省法院表示衷心的感谢和崇高的敬意！

我们清醒认识到，全省法院工作还存在不少问题和不足，主要是：贯彻新发展理念的思路仍需进一步开阔，服务新发展格局、保障高质量发展的司法贡献度有待进一步提升；司法改革系统性协同性有待增强，审判权制约监督机制还需完善；少数干警宗旨意识、司法理念和能力作风还不适应新时代发展要求，违纪违法仍时有发生。对此，我们将采取有效措施，切实加以解决。

今年全省法院工作总体考虑

新的一年，我们将坚持用新思想解放思想、统一思想，全面落实党的十九届五中全会、省委十三届九次全会和本次会议精神，聚焦“争当表率、争做示范、走在前列”重大使命，更加注重系统观念、法治思维、强基导向，全面深化高质量司法实践，为“十四五”开好局、全面建设社会主义现代化起好步提供有力司法保障。

一是在强化理论武装上取得新成效。开展习近平法治思想全员轮训，筑牢理论根基，坚定理想信念。旗帜鲜明讲政治，不断提升政治判断力、政治领悟力、政治执行力，以忠诚履职践行“两个维护”。深入贯彻《中国共产党政法工作条例》及省委实施意见，把党的领导优势更好转化为司法治理效能。

二是在服务中心大局上展现新作为。发挥知识产权司法保护主导作用，促进创新引领和科技自立自强。加强司法反垄断和反不正当竞争，维护公平竞争的市场秩序。贯彻实施长江保护法，服务保障长江经济带高质量发展。依法惩治刑事犯罪，推动扫黑除恶常态化，立足审判创造性应对各类风险挑战。

三是在践行司法为民上推出新举措。以民法典实施为契机，提升民事权利保护水平，用精准审慎的司法裁判回应时代需求、群众关切。推动多元解纷和诉讼服务跨越式发展，努力提高群众便捷诉讼的体验感和满意度。强化人民法庭建设，提升基层司法水平，服务全面推进乡村振兴和基层社会治理。推进执行工作现代化建设，持续增强当事人胜诉获得感。

四是在深化司法改革上打造新亮点。推进司法责任制综合配套改革，完善司法权制约监督体系。推进以审判为中心的刑事诉讼制度改革，保障律师依法履职，发挥审判对侦查起诉的制约引导作用。推进民事诉讼程序繁简分流改革试点，努力形成具有开创性、前瞻性的江苏经验。在更高起点上全面深化智慧法院建设，更好解放新时代司法生产力，为公平正义助力加速。

五是在锻造过硬队伍上迈出新步伐。全面开展队伍教育整顿，刀刃向内、自我革命，确保法院队伍绝对忠诚、绝对纯洁、绝对可靠。以钉钉子精神贯彻中央八项规定精神，严格执行防止干预司法“三个规定”等铁规禁令，以零容忍态度惩治司法腐败。加强司法能力建设，健全完善优秀人才选拔培养机制。更加主动接受监督，诚恳听取意见建议，不断加强和改进法院工作。

各位代表，征途漫漫，惟有奋斗。新的一年，我们将立足“两个大局”，心怀“国之大者”，践行初心使命，坚守公平正义，助力良法善治，用实干创造，用奋斗作答，不断开创全省法院工作新局面，为谱写江苏“强富美高”现代化新篇章作出更大贡献，以优异司法业绩庆祝建党100周年！

2021年全省法院工作要点

2021年是“十四五”开局之年，是中国共产党成立100周年，也是现代化建设进程中具有特殊重要性的一年。做好今年全省法院工作，要坚持以习近平新时代中国特色社会主义思想为指导，深入贯彻习近平法治思想，全面贯彻党的十九大和十九届五中全会、省委十三届九次全会精神，增强“四个意识”，坚定“四个自信”，做到“两个维护”，牢牢坚持党对法院工作的绝对领导，坚定不移走中国特色社会主义法治道路，紧紧围绕“努力让人民群众在每一个司法案件中感受到公平正义”目标，准确把握立足新发展阶段、贯彻新发展理念、构建新发展格局要求，聚焦“争当表率、争做示范、走在前列”重大使命，更加注重系统观念、法治思维、强基导向，切实增强忧患意识、底线思维、斗争精神，坚持服务大局、司法为民、公正司法，坚持守正创新、稳中求进，以强化人民法庭建设、服务全面推进乡村振兴和基层社会治理为工作重点，深化司法体制改革和智慧法院建设，锻造过硬法院队伍，全面深化高质量司法实践，奋力推进全省法院工作现代化，为谱写江苏“强富美高”现代化新篇章提供坚强有力司法保障，以优异成绩庆祝建党 100 周年。

一、坚持以习近平法治思想武装头脑、指导实践、推动工作

1. 持续深化理论武装。始终把学习贯彻习近平新时代中国特色社会主义思想作为首要党课和终身必修课，深入开展习近平法治思想全覆盖学习轮训，组织开展党史、新中国史、改革开放史、社会主义发展史学习教育，引导广大干警坚定理想信念、把稳思想之舵。

2. 牢牢坚持党对法院工作绝对领导。按照统一部署，开展庆祝党的百年华诞系列活动。严格落实《中国共产党重大事项请示报告条例》、《中国共产党政法工作条例》及省委实施意见，严格执行重大事项请示报告制度，制定省法院党组落实重大事项请示报告制度实施细则，自觉接受省委政法委专项政治督察。持续抓好省委巡视反馈意见整改工作。

3. 坚决维护司法领域意识形态安全。落实意识形态工作责任制，教育引导广大干警增强政治敏锐性和政治鉴别力，加强意识形态风险点排查和分析研判，严格落实“三同步”工作要求，提高舆情预防和处置能力。

4. 进一步端正司法理念。准确把握公正、为民等基本理念，更好履行定分止争、化解矛盾的职能作用。严格贯彻罪刑法定、疑罪从无、证据裁判等原则，兼顾国法天理人情，毫不动摇贯彻党和国家死刑政策，准确适用刑事附带民事调解制度。坚持平等、自愿、公平、诚信等基本原则，维护生命健康、财产安全、交易便利、生活幸福、人格尊严。贯彻最高人民法院《关于深入推进社会主义核心价值观融入裁判文书释法说理的指导意见》，充分发挥司法惩恶扬善功能作用。支持、监督行政机关依法行政，积极促进行政争议实质性化解，依法维护涉诉群众合法权益。践行“两山”理念、人与自然和谐共生理念、山水林田湖草生命共同体理念，贯彻民法典绿色原则，提升环境资源司法保护水平。坚持“保护知识产权就是保护创新”等理念，充分发挥知识产权司法保护主导作用。法院其他业务部门、综合行政部门，联系思想和工作实际，进一步端正司法理念，扎扎实实做好本职工作。

5. 在学习贯彻习近平法治思想中谋划推动工作。围绕重大战略实施、构建新发展格局、促进共同富裕等现代化建设任务，紧扣法治中国建设规划和法治社会建设实施纲要要求，科学谋划、奋发作为，以高质量司法过硬成绩，当表率、做示范、走前列，服务经济社会发展。

二、推动建设更高水平平安江苏

6. 依法惩治犯罪维护国家安全和社会稳定。依法严惩渗透颠覆破坏、暴力恐怖、宗教极端等犯罪，坚决捍卫国家政治安全特别是政权安全、制度安全。依法严惩针对妇女儿童的暴力、性侵、虐待等犯罪，依法惩治涉枪涉爆、盗抢骗、食药环和侵犯公

民个人信息等犯罪，积极参与禁毒、扫黄打非等专项行动。依法惩治电信网络诈骗、网络传销、跨境赌博等犯罪，积极参与“净网”“断卡”专项行动，打击网络黑灰产业链。严厉打击安全生产领域违法犯罪，审理好响水“3·21”特大爆炸事故案、无锡“9·28”特大道路交通事故案等重大案件。扎实稳妥做好重大职务犯罪案件审判，加大重点领域和群众身边腐败犯罪打击力度。贯彻实施好刑法修正案（十一），准确适用关于低龄未成年人犯罪、妨害传染病防治、规制金融市场乱象、高空抛物、“冒名顶替上大学”等新规定。

7. 着眼长效常治推进扫黑除恶。巩固深化扫黑除恶专项斗争成果，总结推广具有江苏特色的经验做法，持之以恒打击黑恶势力及其“保护伞”，推动扫黑除恶常态化。继续做好提前介入、案件会商等工作，借鉴运用“涉案财产现状移交、就地移交财政部门”等经验，高质效完成办案任务。积极参与重点行业领域整治，提出更多源头治理对策建议。严格落实防范与打击“套路贷”及虚假诉讼“333”工作机制，筑牢防范黑恶势力利用“套路贷”敛财的制度屏障。

8. 聚焦重点领域强化风险化解。依法惩治以金融创新为名的违规行为和逃废债行为，加强对私募基金、网贷平台、长租公寓等爆雷风险的防范应对，依法妥善做好大型企业债务、非法金融活动等风险处置化解工作。加强涉诉信访风险评估、源头治理，深入开展集中治理涉诉重复信访、化解信访积案专项工作，扎实做好庆祝建党100周年等重要节点稳控工作，确保“四个不发生”。突出抓好法院安全管理工作，加强对诉讼服务大厅、审判法庭、人民法庭等重点部位的安全保护，切实保障诉讼活动安全有序。

三、依法护航高质量发展

9. 服务创新驱动发展和科技强省建设。加强对高端装备制造、集成电路、生物医药、人工智能等重点领域科技成果保护；依托南京、苏州知识产权保护调研基地，加强“卡脖子”关键核心技术领域知识产权保护需求和法律问题的调查研究，加强商业秘密案件疑难法律问题的调查研究，服务保障科技自立自强。完善知识产权审判制度机制，建立部分重大一审技术类案件提级管辖制度，健全惩罚性赔偿适用工作机制，强化技术事实查明科学性。探索适用禁诉令制度，妥善处理与国际贸易有关的重大知识产权纠纷，依法维护知识产权领域国家安全。推动建立长三角知识产权一体化保护机制。强化知识产权全链条保护，推动建立知识产权领域失信人名录制度，完善执法司法衔接机制。

10. 服务供给侧结构性改革。加强常态化疫情防控司法应对，不断提升服务“六稳”“六保”能力水平。依法妥善审理涉及生产、分配、流通、消费等领域案件，加强消费者权益保护，推动设立消费民事公益诉讼赔偿金代管账户，着力营造有利于扩大投资和消费升级的法治环境。加强破产审判工作，进一步畅通企业破产退出通道，加大“执转破”力度；充分发挥破产重整、和解、预重整制度价值，妥善做好本地陷入困境大型民营企业的司法救治工作；推进破产处置府院协调联动机制实体化常态化运行，推动建立解除保全和监管措施、支持管理人履职、支持破产财产处置等协调联动子机制。

11. 营造市场化、法治化、国际化营商环境。贯彻《江苏省优化营商环境条例》，健全优化营商环境工作领导小组运行机制，优化“执行合同”“办理破产”指标评价体系。深入推进南京法治园区建设，进一步集聚优质司法资源。加强产权和企业家权益司法保护，强化刑事、民商事、行政等领域保护的协调配合。强化司法反垄断和反不正当竞争，依法审理涉公司、投资等案件，依法惩治破坏市场竞争秩序的违法犯罪行为。健全服务民营经济制度机制，研究完善促进物联网金融健康发展的司法政策。健全完善长三角地区法院协作机制，推动区域法律适用标准统一、信息资源共享。

12. 加强涉外商事海事审判工作。贯彻最高人民法院《关于人民法院服务保障进一步扩大对外开放的指导意见》，提升涉外司法效能；对外商投资法施行、“外资三法”废止后五年过渡期内相关法律问题开展调研，妥善审理投资合同纠纷。加强海事审判工作，制定实施南京海事法院发展规划，积极融入国际海事司法中心建设，深入实施海事审判精品战略。充分发挥苏州国际商事法庭作用，构建“一站式”国际商事纠纷解决机制和平台。推动在自贸试验区内设立专门审判机构，依法惩治自贸试验区建设中各类违法犯罪，探索符合自贸试验区特点的审判机制。

四、努力满足人民群众多元司法需求

13. 全面准确实施民法典。贯彻民法典及其配套司法解释，做好民法典施行后法律衔接适用工作。常态化抓好民法典学习培训，深入研究民法典施行后的典型案例，及时总结提炼审判经验。加强对胚胎、虚拟财产、基因技术所涉法律问题的研究。办好“以民法典为重点的以案释法系列宣传”政法惠民实事，创新运用微电影、微视频、动漫等载体方式，推出更多群众喜闻乐见的普法精品，积极参与“美好生活　法典相伴”主题宣传、民法典联动宣传教育“十进”“千场巡回宣讲”等活动，推动掀起我省法治宣传教育新高潮。

14. 加强涉民生司法保障。依法妥善审理教育、医疗、养老、婚姻家庭等涉民生案件。完善少年法庭机构组织体系，在未成年人审判与家事审判相对独立基础上实现相互促进、协调发展。妥善平衡网约车、外卖、快递等新业态新模式中劳动者权益与平台发展利益。加大涉农民工工资支付案件审判执行力度。加强对“精装修”商品房买房合同装修质量纠纷案件审理的指导。加强国家赔偿审判和司法救助工作。

15. 着力深化“一站式”建设。深化诉讼与非诉讼对接机制改革，加大“江苏微解纷”推广应用力度，充实壮大驻法院非诉解纷力量，做实做优道路交通、劳动争议、物业管理等类型化纠纷诉调对接工作。推行无争议事实记载、争议焦点固定、调解不成原因提示等诉前调解工作机制，探索建立诉前终结机制和诉前鉴定工作机制。深化“分调裁审”机制改革，紧扣繁案简案分流、速裁团队建设、配套快审机制、科学考核机制四个关键环节，减负去繁、提速增效。办好“推进‘家门口’诉讼服务”政法惠民实事，实现异地卷宗查阅、案件查询、文书打印全覆盖，统一 12368 诉讼服务热线“一号通办”标准，提高法律文书集中送达效率，优化送达流程、平台功能、送达地址库，健全网格员协助送达机制。优化适老诉讼服务。加快一站式诉讼服务指导平台建设。

16. 加强环境资源司法保护。贯彻实施长江保护法，严惩非法捕捞犯罪行为，妥善审理涉渔民退捕安置补偿行政案件，积极参与非法采砂专项整治，强化生物多样性保护。建立大运河区域生态环境治理司法保障机制，开展大运河生态环境司法保护状况调研，服务大运河文化的保护传承利用。积极参与打击破坏环境资源犯罪专项行动。纵深推进“9+1”机制改革，建设环资审判一体化协同平台，加强管辖与非管辖法院业务协作，强化执法与司法协调联动。

17. 加大行政争议实质性化解力度。认真排查行政审判领域涉民生突出问题，深入开展行政诉讼法律援助工作。强化行政机关负责人出庭应诉实效，推动提升省级市级机关负责人出庭应诉率。完善行政案件集中管辖机制，加强管辖法院和属地法院协调配合，建立文书送达、调查取证、证据保全、案件执行等办案协作机制。落实行政审判年度报告、专项报告制度，推动行政复议、行政应诉与行政审判联席会议常态化运行。

五、积极服务乡村振兴和基层社会治理

18. 服务保障乡村振兴。贯彻省委《关于加强法治乡村建设的实施意见》，积极参与法治乡村建设三年行动计划，依法审理涉及农村土地承包、宅基地“三权分置”等案件，依法严厉打击破坏耕地保护红线、生态保护红线、城镇开发边界等行为，推动提高乡村社会治理水平，切实维护公共利益和农民合法权益。

19. 持续推进诉源治理。创新发展新时代“枫桥经验”，主动融入党委领导的社会治理大格局，坚持把非诉讼纠纷解决机制挺在前面，深入推进“审务进基层、法官进网格”，推动完善民事（行政）案件万人起诉率考核机制，积极推动多元解纷地方立法。加强司法建议工作，促进社会治理补短板、强弱项，从源头上减少矛盾纠纷。

20. 切实加强人民法庭建设。优化人民法庭区域布局，探索建立婚姻家庭、劳动争议等专业法庭，加强新型城镇法庭建设，形成差异化、集约化、内涵式发展的新时代人民法庭布局。深入推进“一法庭一品牌”建设，打造更多富有特色的法庭工作品牌。强化人民法庭基础设施和安保建设，完善人民法庭考核机制。

六、稳步推进“切实解决执行难”

21. 推进综合治理源头治理执行难。落实中央全面依法治国委员会 2019 年 1 号文件和江苏实施意见及分工方案，强化执行综合治理考核，确保执行联动工作机制常态化运行。依托联席会议机制，推动解决制约执行工作发展的重点难点问题。加强与相关部门协作配合，推动各项目标任务落地见效。加强执行指挥中心与综治网格对接，探索建立网格员协助送达、查找当事人、协查财产线索工作机制。

22. 强化善意文明执行理念。妥善处理执行程序中各种利益关系，在依法实现胜诉当事人合法权益的同时，合理照顾被执行人的利益关切，在加大强制执行力度的同时，切实降低执行行为对被执行人的不利影响。推广运用无锡中院“物联网 + 执行”模式，利用电子封条、电子称重系统、财产监管系统等物联网感知技术，最大限度保护各方当事人的合法权益。建立完善守信激励、信用惩戒分级管理和失信修复机制，促进社会诚信体系建设。

23. 推动执行指挥中心“854”模式迭代升级。今年 3 月底前实现执行案件“中间库”和“执行事务中心”实质化运行。依托执行指挥中心“854”升级版平台，建立起“分权、分流、分段、分工”和“定员、定岗、定责、定时”相结合的执行管理新模式。完善执行权监督制约机制，优化以法官为主导的执行团队办案模式，明确执行人员责任和权力清单，实现执行权分权制约。

24. 强化执行工作力度。办好“开展涉民生案件专项执行行动”政法惠民实事，优先办理拖欠农民工工资、工伤、医疗、抚恤、抚养、赡养等重点案件。扎实开展“基本解决执行难”回头看。充分运用线上线下财产调查手段，用足用好各类强制措施，切实提高生效法律文书自动履行率。加大反规避执行工作力度，细化规避执行行为认定标准，开展专项整治行动，依法惩治规避执行违法行为。落实律师调查令制度，建立健全律师深度参与执行工作机制。推动建立以当事人刑事自诉为主的拒不执行判决、裁定罪诉讼模式，严厉打击拒执犯罪。

25. 深化执行管理体制机制改革。总结执行体制改革试点经验，完善执行工作统一管理机制，强化省法院、中级法院统一指挥、统一协调、统一管理职能。总结“与个人破产制度功能相当的试点工作”改革经验，研究制定自然人债务集中清理与重生程序办理指南，扩大试点范围。落实落细执行工作“一案双查”机制，切实做到“应查必查”“应查尽查”。完善派驻法警“编队管理、派驻使用”制度，严格落实派驻法警不得独立办案工作要求。强化执行裁判庭的监督作用,完善基层法院执行裁判机构设置,及时纠正违法执行和不规范执行行为。

七、深化司法体制综合配套改革和智慧法院建设

26. 加快完善审判权制约监督体系。加强专业化办案团队建设。严格贯彻执行省法院制定的办案人员权力和责任清单。健全"六类案件"监管的发现机制、启动程序和操作规程,深化审判监督管理平台运用。完善统一法律适用机制,探索实行关联案件识别标注、信息交互、协同处置,建立务实管用的分歧解决机制。规范审判业务文件制定、报送审查和备案工作。健全法官惩戒工作机制,推动法官惩戒常态化,健全与纪检监察、法官员额退出的衔接机制。加强审级监督指导,完善类案监督指导机制和案件评查复查机制,健全改判、发回重审、指令再审案件的跟踪督办、异议反馈制度。

27. 扎实推进诉讼制度改革。深化民事诉讼程序繁简分流改革试点,高质量完成中期评估。深化以审判为中心的刑事诉讼制度改革,制定重大刑事案件证据标准指引,修订江苏量刑实施细则,开展认罪认罚案件突出问题专项调研,依法审查检察机关量刑建议,充分发挥审判对侦查起诉的制约引导作用。贯彻实施新刑事诉讼法司法解释,加强刑事缺席审判制度适用研究,认真落实死缓案件二审开庭审理的规定。总结疫情期间在线诉讼经验做法,积极探索在线诉讼规则。

28. 全面深化司法人事制度改革。常态化开展员额统筹调配、动态调整、递补和退出工作,探索法官逐级遴选。推进法官等级择优选升常态化。深化司法人员分类管理,畅通内部岗位交流通道,深化法官助理分阶培养改革,持续推动落实与法官单独职务序列相配套的医疗、车补、差旅、退休、办公用房等待遇。

29. 不断深化智慧法院建设。编制实施《江苏法院信息化建设"十四五"发展规划》,高起点高标准推进建设江苏法院信息化4.0版。持续深化电子卷宗深度应用,加快区块链技术落地应用,研发案件舆情风险评估、督察管理等系统。大力推进驻所科技法庭及远程视频提讯系统建设。积极运用司法大数据开展分析研判,完善司法大数据智能分析平台,更加精准服务党委、政府和法院党组决策。加大网络和信息基础设施安全保护力度。

八、着力锻造高素质过硬队伍

30. 坚持把党的政治建设摆在首位。围绕抓党建促审判,进一步宣传推广新沂法院党建工作经验,解决好党建和业务"两张皮"问题,针对法院不同部门、不同岗位特点进行分类指导、精准施策,切实提升党建工作精准性有效性。开展党支部分类达标定级工作,积极推进基层党组织标准化规范化建设。

31. 不折不扣做好队伍教育整顿工作。

根据中央、最高人民法院和省委统一部署，制定专门方案，精心组织实施。突出筑牢政治忠诚、清除害群之马、整治顽瘴痼疾、弘扬英模精神“四项任务”，抓好学习教育、查纠整改、总结提升“三个环节”，在思想上、政治上、纪律上、作风上进一步纯洁队伍。

32. 不断深化履职能力建设。着力提升政治能力、调查研究能力、科学决策能力、改革攻坚能力、应急处突能力、群众工作能力、抓落实能力。加强“五好五强”法院领导班子建设，协同做好市县法院领导班子换届工作。改进线上线下教育培训工作，把习近平法治思想、党史、党的十九届五中全会精神等纳入教育培训必修内容，强化专业化培训实战性、实用性。大兴调查研究之风，抓好省法院《关于进一步加强和改进全省法院调查研究工作的意见》督查落实，不断提升全省法院调研水平。完善人才培养机制，加大优秀年轻干部选拔使用力度，强化名校优生培养管理，在知识产权、海事、环资、金融、破产、涉外、信息化等领域，培养储备一批高素质专业化人才及后备力量。

33. 深入推进党风廉政建设和反腐败工作。严格落实全面从严治党主体责任，组织中级法院、南京海事法院党组书记向省法院党组述责述廉，一体推进法院系统不敢腐、不能腐、不想腐。以钉钉子精神贯彻中央八项规定精神，坚持纠“四风”和树新风并举，持之以恒为基层减负。根据最高人民法院统一部署，组织开展贯彻落实防止干预司法“三个规定”突出问题、审判执行工作突出问题、“减假暂”案件突出问题专项整治。健全廉政风险防控体系，用好监督执纪“四种形态”，定期开展关键岗位干警交流轮岗。加强警示教育，从王立科案中汲取教训，聚焦全省法院系统违纪违法典型案例和党风廉政建设突出问题，以案促改，精准施教。以零容忍态度严惩司法腐败，坚决查处贪污受贿、失职渎职以及充当诉讼掮客、以案谋私、为黑恶势力充当“保护伞”等违纪违法行为。

34. 营造良好干事创业氛围。坚持严管厚爱原则，推动把从优待警各项政策措施落到实处。用心用情做好离退休干部工作。发挥法官权益保障委员会作用，及时保护和支持敢于坚持原则、拒绝请托说情、依法秉公办案的干警。加强法院文化建设，广泛开展文体活动。增强“三项机制”引领力，以正确用人导向引领干事创业导向。

35. 扎实做好综合服务保障工作。落实《国家十四五期间人民法院司法保障工作发展规划纲要》，全面提升全省法院司法保障工作水平。扎实做好援藏援疆工作。着力增强司法政务工作主动性、前瞻性、精准性，充分发挥参谋助手、综合协调、督查督办等职能作用。全面完成“六专四室”建设任务，持续提升警务保障水平。加强新闻舆论工作，做好建党100周年等主题宣传策划工作。

九、自觉主动接受监督

36. 自觉接受人大监督、政协民主监督。加强与人大代表、政协委员的联络工作，完善沟通联络制度机制，创新沟通联络方式方法。认真办理代表建议、政协提案，强化进展反馈、沟通解释工作。向省人大常委会专项报告环境资源审判工作，以专项报告和落实审议意见为契机，提升环境资源司法保护成效。

37. 自觉接受检察机关法律监督。落实检察长列席审委会制度。健全检察建议、检察监督意见办理工作机制，依法妥善审理检察机关抗诉案件。健全与检察机关重点业务数据分析研判机制。

38. 自觉接受社会监督。加强与民主党派、工商联和无党派人士沟通，推动聘请民营企业家担任特约监督员，畅通行业协会商会和民营企业诉求反映和权益维护渠道。深化人民陪审员制度改革，加强《人民陪审员法》贯彻落实情况督查，健全完善陪审工作规范，总结推广陪审制改革经验做法。全面深化司法公开，完善裁判文书上网机制，打造庭审直播普法公开课，推进审判流程信息公开。

江苏省高级人民法院关于国有土地上房屋征收与补偿行政案件若干问题审理指南

（江苏省高级人民法院审判委员会会议纪要〔2020〕5号　2020年11月11日）

为切实保障被征收人合法权益，监督政府依法征收、公平补偿，妥善化解征收补偿争议，根据《中华人民共和国行政诉讼法》《国有土地上房屋征收与补偿条例》（以下简称《条例》）、《国有土地上房屋征收评估办法》（以下简称《评估办法》）、苏政发〔2011〕91号《江苏省贯彻实施〈国有土地上房屋征收与补偿条例〉若干问题的规定》等规定，结合本省实际，制定本指南。

一、总体要求

审理房屋征收补偿行政案件，应当遵循以下原则和工作要求：

1. 服务经济发展。牢固树立服务大局意识，充分认识房屋征收对于促进城市建设和经济发展的重要性。及时审理征收补偿行政案件，为征收补偿提供有力的司法保障，促进江苏高质量发展走在前列。

2. 注重权益保障。明确司法审查内容，严格司法审查标准。

促进依法征收和公平补偿，充分保障被征收人合法权益，努力让被征收人在征收补偿案件中感受到公平正义。

3. 监督征收补偿。严格按照《条例》规范国有土地上房屋征收与补偿活动，依法审查房屋征收决定和房屋补偿决定的合法性。在监督、促进政府依法征收、公平补偿的同时，兼顾征收效率，注重公共利益和个人权益的平衡。

4. 多元化解纠纷。坚持调解优先、依法调解、自愿调解原则。调解不得损害国家利益、社会公共利益和他人合法权益。房屋补偿决定存在合理性问题的，应加大调解力度，通过调解妥善化解争议，努力做到定分止争，实现法律效果、社会效果和政治效果的有机统一。

二、受理条件

（一）受案范围

5. 下列情形属于人民法院行政诉讼受案范围：

（1）征收人未单独作出房屋征收决定，将房屋征收决定和公告合二为一，被征收人对房屋征收决定公告提起诉讼的；

（2）征收人组织有关部门对房屋面

积、性质进行的调查、认定和处理，具有认定未经登记的建筑属于违法建筑并明确不予补偿等内容，对被征收人权利义务产生实际影响，被征收人提起诉讼的；

（3）被征收人以征收人不履行补偿安置职责提起诉讼的。

6. 下列情形不属于人民法院行政诉讼受案范围：

（1）征收人作出房屋征收决定后依法公告，被征收人单独对房屋征收决定公告提起诉讼的；

（2）征收人组织有关部门对房屋面积、性质进行的调查、认定和处理，仅记载房屋有证面积、无证面积和性质，未设定被征收人权利义务，被征收人提起诉讼的。

7. 下列情形不予立案：

（1）部分被征收人对房屋征收决定提起诉讼，法院作出生效裁判后，其他被征收人对同一房屋征收决定提起诉讼的；

（2）房屋补偿决定或者补偿安置协议中已涉及调查、认定和处理的结果，被征收人已对房屋补偿决定或者补偿安置协议提起诉讼，再对调查、认定和处理行为提起诉讼的。

（二）主体资格

8. 按照公房管理规定取得公房租赁权，并执行国家规定租金标准的公房承租人对房屋征收决定和房屋补偿决定提起诉讼，具有原告主体资格。

9. 营业用房承租人对房屋征收决定提起诉讼，不具有原告主体资格。

10. 营业用房承租人对房屋补偿决定以及补偿安置协议中涉及的停产停业损失等自身权益争议提起诉讼，具有原告主体资格。但租赁合同约定，因征收自动解除租赁合同，营业用房承租人不享有停产停业损失等补偿的除外。

11. 部分房屋共有人与房屋征收部门签订了补偿安置协议，未签订补偿安置协议的共有人对房屋征收决定、补偿安置协议提起诉讼，具有原告主体资格。

12. 房屋征收部门与被征收人签订补偿安置协议，被征收人对补偿安置协议提起诉讼的，房屋征收部门是适格被告。

13. 省级以上（含省级）开发区管理机构作出房屋征收决定和房屋补偿决定，被征收人提起诉讼的，以该开发区管理机构为被告。

14. 省级以下开发区管理机构作出房屋征收决定和房屋补偿决定，被征收人提起诉讼的，以设立该开发区管理机构的地方人民政府为被告。

15. 被征收人对房屋调查、认定和处理行为提起诉讼的，作出调查、认定和处理的行政主体是适格被告。

16. 被征收人以作出房屋征收决定的行政主体为被告提起诉讼，请求履行补偿安置法定职责的，作出房屋征收决定的行政主体是适格被告。

17. 公房承租人、营业用房承租人对房屋补偿决定提起诉讼的，人民法院应当通知房屋所有权人参加诉讼，房屋所有权人经通知不参加诉讼的，人民法院应当将其列为第三人。

（三）起诉期限

18. 被征收人对房屋征收决定提起诉讼的，起诉期限从房屋征收决定公告之日起计算。房屋征收决定规定公告期限的，起诉期限从公告期限届满之日起计算。

19. 被征收人人数较少，征收人直接送达房屋征收决定的，起诉期限从被征收人收到房屋征收决定之日起计算。

20. 被征收人对房屋补偿决定提起诉讼的，起诉期限从收到房屋补偿决定之日起计算。

21. 房屋征收决定、房屋补偿决定未告知申请行政复议、提起诉讼的权利和期限，被征收人不服申请行政复议或者提起诉讼的，应当在知道或者应当知道被诉房屋征收决定、房屋补偿决定内容之日起一年内申请行政复议或者提起诉讼。

22. 被征收人对房屋征收决定、房屋补偿决定申请行政复议，复议机关作出的复议决定未改变原行为的结果，并依法告知提起诉讼的权利和期限，被征收人不服提起诉讼的，应当自收到复议决定之日起十五日内以原机关和复议机关为共同被告提起诉讼。

23. 被征收人对房屋征收决定、房屋补偿决定申请行政复议，复议机关作出的复议决定改变原行为的结果，未告知提起诉讼的权利和期限，被征收人不服提起诉讼的，应当自收到复议决定之日起一年内以复议机关为被告提起诉讼。

24. 被征收人对房屋征收决定、房屋补偿决定申请行政复议，复议机关作出不予受理或者驳回行政复议申请决定，该复议决定依法告知提起诉讼的权利和期限，被征收人对复议决定提起诉讼的，应当自收到复议决定之日起十五日内提起诉讼。被征收人对房屋征收决定、房屋补偿决定提起诉讼，房屋征收决定、房屋补偿决定告知诉权和起诉期限的，应当自知道或者应当知道房屋征收决定、房屋补偿决定作出之日起六个月内提起诉讼。

25. 房屋征收决定、房屋补偿决定告知起诉期限短于法定起诉期限的，按照法定起诉期限计算；长于法定起诉期限，按照告知的起诉期限计算。

26. 被征收人认为征收人不履行补偿安置法定职责，应当在征收人规定的签约期限届满的合理期限后提起诉讼。行政机关对作出房屋补偿决定期限有规定的，原则上从其规定。

三、实体审查

（一）房屋征收决定的审查

27. 职权依据的审查

（1）市、县级人民政府，有法律、法规授权进行房屋征收补偿的开发区管理机构作出房屋征收决定，应认定有职权依据。

（2）没有法律、法规授权进行房屋征收补偿的开发区管理机构作出房屋征收决定，应认定没有职权依据。

28. 土地性质的审查

（1）审查征收范围内的土地性质是否为国有土地。

（2）涉及撤组剩余的少量土地是否为国有土地，按照 2005 年 3 月 4 日原国务院法制办公室、原国土资源部《关于对〈中华人民共和国土地管理法实施条例〉第二条第(五)项的解释意见》进行认定。

29. 公共利益的审查

(1)征收人组织实施的基础设施、公共事业、保障性安居工程及旧城区改建等建设活动,应当认定符合公共利益。

(2)发改、自然资源和规划行政主管部门等出具的复函、证明、说明等,不足以直接认定房屋征收决定符合国民经济和社会发展规划、土地利用总体规划和城乡规划的,仍应通过五年规划纲要,土地利用总体规划图、局部图,城市总体规划图、局部图等,综合认定是否符合上述规划。

(3)对保障性安居工程建设、旧城区改建项目,应查明是否纳入人民代表大会讨论通过的国民经济和社会发展年度计划。

30. 补偿安置方案的审查

(1)是否提供货币补偿和产权调换两种补偿安置方式供被征收人选择。

(2)产权调换房屋的位置、面积等是否确定。位置、面积等不确定的,不得用于产权调换。

(3)因旧城区改建项目征收个人住宅,被征收人选择改建地段房屋进行产权调换的,征收人是否提供改建地段或者就近地段房屋予以产权调换。

31. 社会稳定风险评估的审查

(1)评估主体的审查。审查评估的主体是否为作出房屋征收决定的主体。征收人组织或者委托责任主体评估时,征收人或者社会稳定风险评估领导小组是否予以确认。

(2)评估结果的审查。评估结果为"可以实施"(低风险)的,可以进行征收;评估结果为"暂缓实施"(中风险)的,是否提供证据证明已采取措施降低风险等级;评估结果为"不予实施"(高风险)的,不得进行征收。

32. 征收补偿费用的审查

(1)房屋征收决定作出前,是否对征收补偿总费用进行评估或概算。

(2)房屋征收决定作出前,是否在金融机构设立专用账户,并存入一定数额用于货币补偿的费用。

(3)房屋征收决定作出前,是否提供一定数量的用于产权调换的房屋。

(4)征收人提供的用于货币补偿的费用以及用于产权调换的房屋,是否能充分保障被征收人选择不同补偿安置方式的实际需求。

33. 房屋面积和性质调查、认定和处理的审查

是否依法对房屋面积和性质进行了调查、认定和处理,是否将相关结果在征收范围内公布。

34. 行政程序的审查

(1)补偿安置方案的拟定、征求意见、修改、公告等是否符合《条例》第十条、第十一条的规定。

(2)旧城区改建项目,过半数被征收人对补偿安置方案提出异议的,是否组织由被征收人和公众代表参加的听证会,并

根据听证会情况修改补偿安置方案。

(3)房屋征收决定涉及被征收人数量较多的,征收人是否召开常务会议讨论房屋征收的风险。“人数较多”的把握,原则上以各地制定的标准为依据;未制定标准的,根据城市规模、项目规模,结合个案进行综合认定。

(4)房屋征收决定作出后是否及时公告。公告中是否载明征收补偿安置方案和行政复议、行政诉讼权利等事项。

35. 法律适用的审查

房屋征收决定是否援引法条、法律适用是否准确。

(二)房屋补偿决定的审查

36. 职权依据的审查

(1)市、县级人民政府,有法律、法规授权进行房屋征收补偿的开发区管理机构作出房屋补偿决定,应认定有职权依据。

(2)没有法律、法规授权进行房屋征收补偿的开发区管理机构作出房屋补偿决定,应认定没有职权依据。

37. 房屋、土地面积和性质认定的审查

(1)房屋面积一般以房屋权属证书和房屋登记簿的记载为准;房屋权属证书与房屋登记簿的记载不一致的,除有证据证明房屋登记簿确有错误外,以房屋登记簿为准。

(2)被征收人对房屋面积提出异议,征收人委托有资质的机构对房屋面积进行实际测绘,如果测绘的面积大于产权证记载的面积,是否按照实际测绘面积予以补偿。

(3)因历史原因未办理建房审批手续的房屋,征收人不给予补偿是否合法。

(4)土地使用证记载的土地面积大于合法房屋的面积,征收人是否对“地大于房”部分的土地予以补偿。

(5)是否应当给予停产停业损失补偿,根据房屋是否为合法房屋;是否于2010年7月1日前改变为经营性用房,并持有合法、有效的营业执照、税务登记证以及其他有关许可证件;至房屋征收决定公告前,是否持续营业1年以上等综合认定。

38. 评估机构选定的审查

(1)房屋征收部门是否要求被征收人在不少于5个工作日内协商选定评估机构。被征收人协商不成的,是否通过“多数决定”或者“随机选定”等方式确定评估机构。

(2)通过“多数决定”的,评估机构得票数是否超过被征收人户数的一半。征收人有证据证明给每一个被征收人发放选票,部分被征收人拒绝投票,评估机构得票数是否超过有效票数的一半。

(3)通过“多数决定”“随机选定”方式确定的,审查评估机构确定的过程和结果是否经公证机构依法公证。

(4)通过“多数决定”“随机选定”的方式确定评估机构的,是否将确定评估机构的结果予以公告。

39. 评估方法与评估报告的审查

(1)依据《评估办法》第十三条审查评估方法是否正确。

(2)房屋征收部门是否将分户初步评

估结果在征收范围内向被征收人公示。

(3)评估报告是否依法送达,是否告知被征收人有权申请复核评估。被征收人申请复核评估的,是否将复核结果书面告知被征收人。被征收人向评估专家委员会申请鉴定的,是否将鉴定结果书面告知被征收人。

(4)评估时点的确定是否准确。

评估时点原则上为房屋征收决定公告之日。作出房屋补偿决定与评估时点间隔时间较长,给予产权调换的,原则上不重新调整评估时点,但有证据证明被征收房屋涨价幅度明显大于产权调换房屋涨价幅度的除外;给予货币补偿的,有证据证明被征收房屋价值有较大幅度上涨的,应重新调整评估时点。

40. 保障补偿安置方式选择权的审查

(1)是否在补偿安置方案中告知被征收人有权选择不同的补偿安置方式,是否在征收实施中告知被征收人拒绝选择的后果;

(2)是否根据被征收人选择的补偿安置方式作出房屋补偿决定;

(3)未按照被征收人选择的补偿安置方式进行补偿是否有正当理由;

(4)给予产权调换的,产权调换房屋的位置、面积、价格是否确定;

(5)房屋补偿安置方式是否明确,补偿内容是否具体。房屋补偿决定给予两种补偿安置方式的,应当认定为补偿安置方式不明确。

41. 营业用房承租人权利保障的审查

(1)承租人享有停产停业损失、装饰装潢损失补偿的,审查房屋补偿决定是否包括停产停业以及装饰装潢损失补偿。

(2)房屋补偿决定给予的停产停业、装饰装潢损失补偿是否能保障房屋所有权人、承租人合法权益。

(3)“住改非”房屋承租人依法享有停产停业、装饰装潢损失补偿的,参照上述规定审查。

(三)调查、认定和处理的审查

42. 参照本指南“实体审查”部分“(二)房屋补偿决定的审查”中的“37. 房屋、土地面积和性质认定的审查”,审查房屋合法面积认定是否正确、未经登记建筑不予补偿是否正确、房屋性质认定是否正确等。

(四)不履行补偿安置法定职责的审查

43. 不履行补偿安置法定职责主要审查以下内容:

(1)被告是否具有补偿安置的职责;

(2)原告要求履行补偿安置职责的时机是否成熟;

(3)被告是否作出房屋补偿决定。

四、裁判标准

(一)不予立案或者驳回起诉裁定

44. 原告提起诉讼不符合起诉条件的,不予立案。已经立案的,裁定驳回起诉。

(二)驳回诉讼请求判决

45. 房屋征收决定、房屋补偿决定证据确凿,适用法律、法规正确,符合法定程序的,或者原告请求被告履行补偿安置法定职责理由不成立的，判决驳回原告诉讼请求。

(三)撤销或者部分撤销判决

46. 房屋征收决定有下列情形之一的，判决撤销或者部分撤销：

(1)房屋征收决定不符合公共利益；

(2)对征收范围内集体土地上的房屋一并征收；

(3)社会稳定风险评估的结果为“不予实施”(高风险)；

(4)房屋征收决定具有其他依法应当撤销的情形。

47. 房屋补偿决定具有下列情形之一的，判决撤销：

(1)评估时点错误，包括应当调整评估时点未调整的；

(2)房屋面积和性质、土地性质认定错误，导致房屋补偿决定未能保障原告合法权益的；

(3)评估机构的选定严重违反法定程序，或者评估机构、评估人员不具有评估资质的；

(4)未保障原告补偿安置方式选择权，原告有异议的；

(5)遗漏补偿项目，但因原告过错造成的除外；

(6)房屋补偿决定有其他依法应当撤销情形的。

48. 调查、认定和处理行为有下列情形之一的，判决撤销并责令重新调查、认定和处理：

(1)房屋面积认定错误；

(2)房屋性质认定错误；

(3)未经登记建筑被认定为违法建筑错误。

(四)确认违法判决

49. 房屋征收决定依法应当撤销，但撤销会给国家利益、社会公共利益造成重大损害的，判决确认违法。确有必要的，可以根据具体案情判决采取降低风险等级、补足补偿安置费用、调整产权调换房源等相应的补救措施。

50. 房屋征收决定、房屋补偿决定程序轻微违法，但对原告权利不产生实际影响，没有必要撤销的，判决确认违法。

(五)无效判决

51. 被诉房屋征收决定、房屋补偿决定系没有法律、法规授权的开发区管理机构作出，判决确认房屋征收决定、房屋补偿决定无效。

(六)变更判决

52. 评估时点正确，被征收房屋评估价格正确，房屋面积认定错误的，可以判决变更补偿决定的内容。

53. 房屋补偿决定给予货币补偿，评估时点错误，双方当事人同意调整评估时点另行评估的，可以根据新的评估报告判决变更补偿决定的内容。

(七)履行判决

54. 原告请求被告履行补偿安置法定职责理由成立的，判决被告在合理期限内作出房屋补偿决定。

(八)调解与行政调解书制作

55. 通过调解促使双方当事人签订补

偿安置协议,原告自愿撤诉的,审查后依法裁定是否准许撤诉。

56.房屋补偿决定存在合理性问题,原告诉求合理,在依法调解的基础上签订补偿安置协议的,可以根据当事人的要求出具行政调解书。

(九)司法建议

57.房屋征收决定和房屋补偿决定合法性、合理性存在问题的,必要时可以向被告发送司法建议指出问题,并要求被告在合理时间内反馈整改意见。

五、附则

58.本指南自下发之日起施行。各地法院应参照本指南依法审理此类行政案件。

59.本指南由江苏省高级人民法院审判委员会负责解释。

江苏省高级人民法院　江苏省消费者权益保护委员会关于印发《关于建立商品房买卖合同纠纷联动化解工作机制的意见》

(苏高法〔2020〕275号　2020年12月14日)

各市中级人民法院、各市消费者权益保护委员(协)会:

为依法服务全省商品房市场健康发展,妥善化解商品房买卖合同纠纷,保障购房者合法权益,江苏省高级人民法院与江苏省消费者权益保护委员会共同制定了《关于建立商品房买卖合同纠纷联动化解工作机制的意见》,现予印发。

关于建立商品房买卖合同纠纷联动化解工作机制的意见

为着力妥善解决商品房买卖领域的突出矛盾,进一步促进商品房买卖市场和社会生活秩序的和谐稳定,根据健全社会矛盾纠纷预防化解机制、完善多元化纠纷解决机制的相关要求,经江苏省高级人民法院、江苏省消费者权益保护委员会协商,现就建立商品房买卖合同纠纷联动化解工作机制依法提出以下意见：

一、工作目标

1. 指导思想和目标任务。以习近平新时代中国特色社会主义思想为指导，坚持自愿、合法、便民、公正的基本原则，立足社会矛盾纠纷源头治理，以第三方化解、调解为基础和核心，建立人民法院与消费者权益保护委员会沟通衔接、联动配合的矛盾纠纷化解机制，推动商品房买卖合同纠纷的妥善解决，切实保护消费者合法权益，促进江苏房地产业持续健康发展。

二、工作内容

2. 建立例会协商机制。省高级人民法院与省消费者权益保护委员会共同设立全省商品房买卖合同纠纷联动化解领导小组，确定日常联络工作部门和联络人，建立工作联络日常机制，定期召开联席会议，对联动化解工作情况进行指导、评估、总结，不断优化商品房买卖合同纠纷联动化解工作机制，总结、推广联动化解工作经验。

3. 建立信息共享机制。对商品房买卖合同纠纷及相关事件，同级人民法院与消费者权益保护委员会适时进行信息共享。人民法院对涉及的法律适用专业知识进行释疑指导，并将相关规范性文件和典型疑难案例适时通报消费者权益保护委员会。消费者权益保护委员会适时将受理及调处的易引发群体性纠纷的情况通报人民法院。

4. 建立诉调对接机制。购房人可以就商品房买卖合同纠纷向商品房所在地的消费者权益保护委员会申请调解。消费者权益保护委员会可以推荐相关人员担任人民法院特邀调解员，由人民法院按照规定的程序和条件纳入特邀调解名册，接受人民法院的邀请进行商品房买卖合同纠纷调解工作。对于具备调解条件的案件，人民法院可以采取立案前委派、立案后委托、诉中邀请等方式，引导当事人通过消费者权益保护委员会解决纠纷。

5. 建立化解时限机制。经消费者权益保护委员会调解，当事人达成一致意见的，消费者权益保护委员会应当制作调解协议，由调解员和各方当事人签名、盖章或者按指印确认。当事人可以自调解协议生效之日起 30 日内向有管辖权的人民法院申请司法确认。人民法院委派、委托消费者权益保护委员会调解的，调解期限一般不得超过 30 日，各方当事人同意延长调解期限的，不受此限。调解完成或终止后，消费者权益保护委员会应当于 3 日内向人民法院书面反馈，并退回相关案件材料。

6. 建立无争议事实固定机制。经消费者权益保护委员会调解虽未达成调解协议，但当事人之间就相关事实没有争议的，消费者权益保护委员会应当以书面方式记载无争议事实，由当事人签名、盖章或者按指印予以确认，同时告知当事人该部分事实将作为人民法院认定事实的依据。诉讼过程中，当事人对上述已记载的无争议事实无需举证，但涉及国家利益、社会公共利益、他人合法权益或者有相反证据推翻的除外。

7. 建立纠纷处置应急联动机制。对易激化矛盾、易引发群体性纠纷的重大疑难、突发性商品房买卖合同纠纷，同级人民法院与消费者权益保护委员会应当即时通告、相互沟通，必要时可以相互派出专门人员进行协调处理，迅速及时核查事件情况，积极引导各方合法、理性解决问题。

三、工作要求

8.积极引导纠纷非诉解决。全省各级人民法院、消费者权益保护委员会要加大联动化解工作的宣传力度，适时向社会公布商品房买卖合同纠纷联动化解典型案件，积极引导购房人合法理性维权，让社会公众了解通过第三方调解等非诉方式解决纠纷的渠道及程序。

9.加强联动化解组织领导。全省各级人民法院与消费者权益保护委员会可以结合本意见制定实施意见，并激励相关人员积极投身联动化解工作。对联动化解工作表现突出、成绩显著的个人和集体，省高级人民法院与省消费者权益保护委员会将适时予以表扬。

江苏省高级人民法院关于废止部分办案指导文件的通知

（苏高法〔2020〕291号　2020年12月31日）

各市中级人民法院，南京海事法院，徐州铁路运输法院，各基层人民法院，本院各部门：

根据最高人民法院《关于认真学习贯彻〈中华人民共和国民法典〉的通知》精神，省法院对1949年以来以江苏省高级人民法院名义制发或会同有关单位联合制发的办案指导文件进行了全面清理，决定以下75件与民法典规定存在冲突情形或内容已被最新法律法规、司法解释所吸收的办案指导文件予以废止：

序号	文件名称	发文日期	文号
1	江苏省高级人民法院　江苏省公安厅关于处理交通事故损害赔偿案件有关问题的指导意见	2005/8/15	苏高法〔2005〕282号
2	江苏省高级人民法院　江苏省司法厅　江苏省社会矛盾纠纷调解工作联席会议办公室关于进一步加强诉讼调解与社会矛盾纠纷大调解机制衔接工作若干问题的意见	2005/9/16	苏高法〔2005〕314号
3	江苏省高级人民法院　江苏省妇女联合会关于委托、邀请妇联组织和特邀调解员调解婚姻家庭纠纷的意见（试行）	2007/11/14	苏高法〔2007〕410号
4	江苏省高级人民法院　江苏省工商行政管理局　江苏省消费者协会关于委托、邀请消费者协会（委员会）调解消费者权益纠纷案件的意见（试行）	2008/3/11	苏高法〔2008〕74号

续表

序号	文件名称	发文日期	文号
5	江苏省高级人民法院　江苏省卫生厅关于进一步加强医患纠纷调处工作的意见	2008/12/19	苏高法〔2008〕448 号
6	江苏省高级人民法院　江苏省环境保护厅关于环境污染损害赔偿纠纷案件调解工作的意见(试行)	2009/4/13	苏高法〔2009〕135 号
7	江苏省高级人民法院关于审理名誉权、肖像权、姓名权、名称权、荣誉权案件若干问题的意见	1992/6/15	—
8	江苏省高级人民法院印发《关于审理购销合同纠纷案件若干问题的讨论纪要》的通知	1993/6/12	苏高法〔1993〕96 号
9	江苏省高级人民法院关于印发《关于审理离婚案件处理住房问题的意见》的通知	1995/1/3	苏高法发〔1995〕1 号
10	江苏省高级人民法院关于审理人身损害赔偿案件若干具体问题的意见	1995/12/15	—
11	江苏省人民法院技术鉴定规则(试行)	1996/7/31	—
12	江苏省高级人民法院关于印发《2001 年全省民事审判工作座谈会纪要》的通知	2001/10/30	苏高法〔2001〕319 号
13	江苏省高级人民法院关于对《2001 年全省民事审判工作座谈会纪要》有关问题的补充解释	2001/12/26	苏高法〔2001〕375 号
14	江苏省高级人民法院关于印发《适用〈关于民事诉讼证据的若干规定〉应当注意的有关问题(一)及配套法律文书样式(试行)》的通知	2002/4/23	苏高法〔2002〕150 号
15	江苏省高级人民法院关于印发《适用〈最高人民法院关于审理涉及人民调解协议的民事案件的若干规定〉的意见(试行)》的通知	2002/12/17	苏高法〔2002〕380 号
16	江苏省高级人民法院关于审理适用公司法案件若干问题的意见(试行)	2003/6/13	苏高法审〔2003〕2 号
17	江苏省高级人民法院关于修改《全省民事审判工作座谈会纪要》的通知	2003/7/17	苏高法〔2003〕216 号
18	江苏省高级人民法院关于印发《适用〈关于民事诉讼证据的若干规定〉应当注意的有关问题(二)》的通知	2003/11/5	苏高法审〔2003〕12 号
19	关于印发《江苏省高级人民法院关于严格执行民商事案件审理期限制度的若干规定》的通知	2004/1/30	苏高法审委〔2004〕2 号
20	江苏省高级人民法院关于印发《江苏省高级人民法院关于审理商业秘密案件有关问题的意见》的通知	2004/2/3	苏高法审委〔2004〕3 号
21	江苏省高级人民法院关于审理交通事故损害赔偿案件适用法律若干问题的意见(一)	2005/2/25	苏高法审委〔2005〕3 号
22	江苏省高级人民法院关于印发《关于适用〈中华人民共和国合同法〉若干问题的讨论纪要(一)》的通知	2005/9/26	苏高法审委〔2005〕16 号
23	江苏省高级人民法院印发《关于知识产权侵权损害适用定额赔偿办法若干问题的指导意见》的通知	2005/12/7	苏高法审委〔2005〕26 号
24	江苏省高级人民法院关于修改《关于审理交通事故损害赔偿案件适用法律若干问题的意见(一)》的通知	2006/3/27	苏高法审委〔2006〕6 号

续表

序号	文件名称	发文日期	文号
25	江苏省高级人民法院关于参照《机动车交通事故责任强制保险条例》审理交通事故损害赔偿案件若干问题的通知	2006/7/6	苏高法审委〔2006〕12 号
26	江苏省高级人民法院关于印发《关于执行中华人民共和国农村土地承包法和最高人民法院关于审理涉及农村土地承包纠纷案件适用法律问题的解释若干问题的意见》的通知	2006/7/26	苏高法审委〔2006〕17 号
27	江苏省高级人民法院关于印发《关于规范民事案件和解和调解扣除审限制度若干问题的意见》的通知	2006/7/31	苏高法审委〔2006〕20 号
28	江苏省高级人民法院关于修改《关于参照〈机动车交通事故责任强制保险条例〉审理交通事故损害赔偿案件若干问题的通知》的通知	2006/8/11	苏高法审委〔2006〕23 号
29	江苏省高级人民法院关于印发《关于加强和规范合议庭、独任审判员职能的若干规定(试行)》的通知	2006/11/22	苏高法审委〔2006〕30 号
30	江苏省高级人民法院关于印发《关于审理城镇房屋租赁合同纠纷案件若干问题的意见》的通知	2008/12/15	苏高法审委〔2008〕24 号
31	江苏省高级人民法院关于印发《关于审理建设工程施工合同纠纷案件若干问题的意见》的通知	2008/12/21	苏高法审委〔2008〕26 号
32	江苏省高级人民法院印发《关于在当前宏观经济形势下进一步做好知识产权审判工作促进自主创新的指导意见》的通知	2009/3/2	苏高法审委〔2009〕6 号
33	江苏省高级人民法院印发《关于当前宏观经济形势下依法妥善处理涉及企业的财产保全问题的指导意见》的通知	2009/3/2	苏高法审委〔2009〕9 号
34	江苏省高级人民法院关于印发《关于深入推进诉调对接工作的实施意见》的通知	2009/9/23	苏高法审委〔2009〕33 号
35	江苏省高级人民法院关于印发《关于进一步加强全省法院调解工作的意见》的通知	2009/9/29	苏高法审委〔2009〕34 号
36	江苏省高级人民法院关于印发《关于审理物业服务合同纠纷案件若干问题的意见》的通知	2009/9/29	苏高法审委〔2009〕36 号
37	江苏省高级人民法院印发《关于认定和处理规避执行行为若干问题的规定》的通知	2011/10/27	苏高法审委〔2011〕13 号
38	江苏省高级人民法院审判委员会会议纪要〔2013〕3 号	2013/9/24	审委会会议纪要〔2013〕3 号
39	江苏省高级人民法院印发《关于当前宏观经济形势下依法妥善审理非金融机构借贷合同纠纷案件若干问题的意见》的通知	2009/12/4	苏高法审委〔2009〕45 号
40	江苏省高级人民法院审判委员会会议纪要〔2013〕1 号	2013/6/21	审委会会议纪要〔2013〕1 号
41	江苏省高级人民法院审判委员会会议纪要〔2014〕2 号	2014/4/14	审委会会议纪要〔2014〕2 号
42	江苏省高级人民法院审判委员会会议纪要〔2014〕4 号	2014/11/6	审委会会议纪要〔2014〕4 号
43	江苏省高级人民法院审判委员会会议纪要〔2016〕2 号	2016/4/28	审委会会议纪要〔2016〕2 号
44	江苏省高级人民法院关于审理建设工程施工合同纠纷案件若干问题的解答	2018/6/26	审委会会议纪要〔2018〕3 号
45	关于江苏省各级人民法院第一审知识产权案件级别管辖的规定	1995/7/26	苏高法发〔1995〕12 号
46	江苏省高级人民法院关于加强涉及农村合作基金会经济纠纷案件审判工作的通知	2000/4/24	苏高法〔2000〕133 号

续表

序号	文件名称	发文日期	文号
47	江苏省高级人民法院关于对接受输血患者实行相关保险的建议	2001/7/20	苏高法函〔2001〕41 号
48	江苏省高级人民法院关于正确理解与执行《最高人民法院关于审理涉及金融资产管理公司收购、管理、处置国有银行不良贷款形成的资产的案件适用法律若干问题的规定》的通知	2001/8/16	苏高法〔2001〕265 号
49	关于慎重处理民事共同诉讼和集团诉讼案件有关问题的通知	2002/2/22	—
50	江苏省高级人民法院关于加强非公有制经济司法保护的意见	2003/9/8	苏高法〔2003〕293 号
51	江苏省高级人民法院关于进一步加强民营经济司法保护依法促进我省民营经济加速发展的指导意见	2004/4/23	苏高法〔2004〕160 号
52	关于交通事故损害赔偿案件适用法律问题的紧急通知	2004/6/16	苏高法电〔2004〕136 号
53	江苏省高级人民法院关于审理委托理财合同纠纷案件若干问题的通知	2004/7/29	—
54	关于适用《最高人民法院关于审理人身损害赔偿案件若干问题的解释》有关费用标准的通知	2004/8/10	苏高法电〔2004〕192 号
55	江苏省高级人民法院关于审理国有商业银行股份制改革引发的劳动争议案件有关问题的通知	2005/3/23	苏高法〔2005〕97 号
56	江苏省高级人民法院关于审理涉及企业单位国有产权转让纠纷案件有关问题的通知	2005/6/16	—
57	江苏省高级人民法院民事审判第一庭、司法鉴定处关于进一步规范民事审判工作环节司法鉴定工作的通知	2005/6/23	苏高法民一〔2005〕1 号
58	江苏省高级人民法院关于依法及时审理劳动纠纷案件切实维护社会稳定的通知	2005/6/27	苏高法〔2005〕217 号
59	关于适用《最高人民法院关于审理人身损害赔偿案件若干问题的解释》有关费用标准的通知	2005/10/7	苏高法电〔2005〕338 号
60	江苏省高级人民法院关于进一步审理和执行好拖欠工程款和农民工工资纠纷案件若干问题的紧急通知	2005/12/21	苏高法〔2005〕440 号
61	关于适用《最高人民法院关于审理人身损害赔偿案件若干问题的解释》有关费用标准(2005 年度)的通知	2006/3/21	苏高法电〔2006〕87 号
62	江苏省高级人民法院关于切实加强涉及农民工权益案件审判和执行工作的紧急通知	2008/12/11	苏高法〔2008〕434 号
63	江苏省高级人民法院关于印发《关于切实加强涉及民生案件审判工作的意见》的通知	2008/12/12	苏高法〔2008〕435 号
64	关于适用《最高人民法院关于审理人身损害赔偿案件若干问题的解释》有关费用标准(2008 年度)的通知	2009/2/4	苏高法电〔2009〕69 号
65	江苏省高级人民法院民一庭关于当前民事审判工作几个问题的通知	2009/10/14	苏高法民一〔2009〕3 号
66	关于适用《最高人民法院关于审理人身损害赔偿案件若干问题的解释》有关费用标准(2008 年度)的补充通知	2009/12/28	苏高法电〔2009〕895 号
67	江苏省高级人民法院关于依法及时审理和执行拖欠农民工工资案件切实解决企业拖欠农民工工资问题的紧急通知	2010/2/8	苏高法〔2010〕42 号
68	买卖合同纠纷案件审理指南	2010/11	—

续表

序号	文件名称	发文日期	文号
69	江苏省高级人民法院关于认真贯彻落实周永康同志视察江苏时重要指示精神切实做好岁末年初拖欠农民工工资等案件审判工作的通知	2010/12/1	苏高法〔2010〕540 号
70	江苏省高级人民法院建设工程施工合同案件审判指南(2011)	2011 年	—
71	关于当前商事审判若干问题的解答	2013/7/31	—
72	关于当前商事审判若干问题的解答(二)	2014/9/2	—
73	江苏省高级人民法院民事审判第一庭关于印发《建设工程施工合同纠纷案件司法鉴定操作规程》的通知	2015/12/21	苏高法电〔2015〕802 号
74	江苏省高级人民法院民事审判第一庭关于印发《关于审理涉及农村土地承包纠纷案件适用法律问题的解答》的通知	2016/4/28	苏高法电〔2016〕307 号
75	江苏高院关于加强和规范被执行人所有的人身保险产品财产性权益执行的通知	2018/7/12	苏高法电〔2018〕506 号

自本通知印发之日起,上述办案指导文件一律停止执行。

特此通知。

江苏省消费者权益保护委员会诉乐融致新电子科技（天津）有限公司消费民事公益诉讼案

（2021）参阅案例 1 号

【裁判摘要】

智能电视生产者也是开机广告的经营者，有义务通过显著方式提示消费者产品含有开机广告，并告知能否一键关闭。智能电视生产者对其生产销售的智能电视加载开机广告，但未提供即时一键关闭功能，降低了用户观看电视的体验，消费者权益保护组织为维护众多不特定消费者的合法权益，提起民事公益诉讼要求智能电视生产者设置开机广告一键关闭功能的，人民法院应予支持。

【相关法条】

1.《中华人民共和国消费者权益保护法》第八条　消费者享有知悉其购买、使用的商品或者接受的服务的真实情况的权利。

消费者有权根据商品或者服务的不同情况，要求经营者提供商品的价格、产地、生产者、用途、性能、规格、等级、主要成份、生产日期、有效期限、检验合格证明、使用方法说明书、售后服务，或者服务的内容、规格、费用等有关情况。

第九条　消费者享有自主选择商品或者服务的权利。

消费者有权自主选择提供商品或者服务的经营者，自主选择商品品种或者服务方式，自主决定购买或者不购买任何一种商品、接受或者不接受任何一项服务。

消费者在自主选择商品或者服务时，有权进行比较、鉴别和挑选。

第十条　消费者享有公平交易的权利。

消费者在购买商品或者接受服务时，有权获得质量保障、价格合理、计量正确等公平交易条件，有权拒绝经营者的强制交易行为。

第二十九条第三款　经营者未经消费者同意或者请求，或者消费者明确表示拒绝的，不得向其发送商业性信息。

第四十七条　对侵害众多消费者合法权益的行为，中国消费者协会以及在省、自治区、直辖市设立的消费者协会，可以向人民法院提起诉讼。

2.《中华人民共和国广告法》第四十三条　任何单位或者个人未经当事人同意或者请求，不得向其住宅、交通工具等发送广告，也不得以电子信息方式向其发送广告。

以电子信息方式发送广告的，应当明示发送者的真实身份和联系方式，并向接收者提供拒绝继续接收的方式。

第四十四条　利用互联网从事广告活动，适用本法的各项规定。

利用互联网发布、发送广告，不得影响用户正常使用网络。在互联网页面以弹出等形式发布的广告，应当显著标明关闭标志，确保一键关闭。

【点评】

本案是全国第一起因智能电视开机广告引发的消费民事公益诉讼案件，也是全国第一起由高级人民法院作出的消费民事公益诉讼终审判决。本案不仅直接关涉拥有智能电视的广大消费者合法权益，也涉及数十家智能电视机生产企业的利益，还可能对未来智能电视行业的发展产生引导作用。法院在审理过程中充分发挥司法裁判指引导向功能，准确解释法律含义，合理确定权利边界和行为界限，督促相关主管部门和行业自治组织进一步规范和惩处侵害消费者合法权益和市场公平竞争的违法经营行为。本案对营造健康和谐的消费市场环境，维护公平竞争的市场秩序，推动消费市场持续稳定健康发展，都具有重要意义。

原告：江苏省消费者权益保护委员会，住所地江苏省南京市鼓楼区北京西路 6 号院内 7 楼。

被告：乐融致新电子科技（天津）有限公司，住所地天津市天津生态城动漫中路 482 号创智大厦 2 层 217－218 室。

原告江苏省消费者权益保护委员会（以下简称江苏省消保委）因与被告乐融致新电子科技（天津）有限公司（以下简称乐融致新电子公司）消费民事公益诉讼一案，向南京市中级人民法院提起诉讼。

江苏省消保委诉称：根据消费者的投诉，原告调查发现被告在其销售的品牌智能电视产品中加载了开机广告功能。消费者打开智能电视后，会自动播放 15 秒左右的开机广告，但被告在销售相关产品时并未向消费者提示，相关广告也不能关闭。消费者普遍反映，相关开机广告降低了观看电视的体验。针对消费者的投诉，原告进行了问卷调查，根据调查结果向被告发送了整改通知，并集中约谈了包括被告在内的智能电视经营者。经过集中约谈，多数智能电视经营者能够整改,但是被告并未积极整改。被告未经消费者同意,通过互联网智能电视发送广告,且未提供一键关闭功能,违反了《中华人民共和国广告法》第四十三条、第四十四条规定和《中华人民共和国消费者权益保护法》第八条、第九条、第十条规定,侵害了消费者的知情权、选择权和公平交易权。原告作为消费者权益保护组织依法提起公益诉讼,请求判令:(1)被告在销售带有开机广告功能的智能电视时以显著的方式提示或告知消费者其产品存在开机广告;(2)被告为其销售的带有开机广告功能的智能电视提供一键关闭开机广告的功能;(3)被告承担本案诉讼费。

乐融致新电子公司辩称:(1)关于售前告知义务。原告约谈后,被告在包括但不限于京东等线上销售的商品介绍页面,乐视各型号智能电视均有明确告知存在开机广告。消费者在购买前享有充分的知情权,产品销售详情页面上即标注提示"此电视含开关机广告,但您可以上传自定义开机视频,详细步骤咨询客服。"产品说明书上售后服务支持页上也会明确告知,乐视商城网站购买协议上明确告知,在产品外包装上也明确告知,保证消费者在购买时可以知晓。(2)关于保障消费者选择权。自约谈整改后,被告已提供视频定制化功能,为客户需求提供差异化服务。(3)关于开机广告的一键关闭功能,被告已完成整改。被告已经研发出了一键关闭功能,并处在调试各机型软硬件适配稳定性的阶段。(4)关于开机广告显示问题。被告的电视产品符合国家标准及行业标准,为优化枯燥的开机等待时间,用户可以观看精美广告或联系被告客服自定义开机视频,这些开机画面并未影响用户正常使用产品,也未占用用户的有效时间。《中华人民共和国广告法》第四十四条立法目的旨在"不得影响用户正常使用网络",该立法并未禁止所有互联网广告。综上,由于技术原因,被告销售产品存在一定的开机等待时间,利用该时间播放的广告未侵害消费者的权益,在销售时给予了充分的告知,并且消费者可以对开机广告进行定制化更改,充分保障了消费者的知情权和选择权。法律并没有强制性规定取消开机广告,但被告仍然做了整改,希望能和原告达成和解,创造良好的营商环境。被告承诺对生产的内含开机广告的电视设置一键关闭功能,符合法律法规规章的规定,执行标准不低于市场上主流机型。尽管做了整改,但并不意味着被告存在违法,如未能达成和解,恳请法院依法驳回起诉,维护被告合法利益。

南京市中级人民法院一审审理查明:

被告乐融致新电子公司是"乐视 TV""Letv""Letv 超级电视"等品牌智能电视的经营者。2019 年 3 月 16 日,原告江苏省消保委接到南京市一名消费者的投诉,反映被告销售的智能电视存在开机广告且不能关闭。

原告接到消费者投诉后,履行了下列公益性职责:(1)受理投诉并进行调查。调查中,原告发现被告销售的智能电视开机时会自动播放 15 秒左右的开机广告,未在销售时以显著的方式向消费者提示或告知存在开机广告,相关广告也不能关闭。

针对消费者的投诉，原告进行了问卷调查。消费者纷纷留言表示不能接受智能电视开机广告，智能电视开机广告侵害了消费者的权益。（2）根据调查结果，集中约谈了包括被告在内的智能电视经营者，并向被告发送了整改通知。2019年9月4日，原告向包括被告在内的智能电视经营者发送了《智能电视开机广告侵犯消费者权益问题的约谈函》。2019年10月10日，原告集中约谈了包括被告在内的七家市场占有率较高的品牌智能电视经营者，集中告知其智能电视开机广告侵害了消费者的知情权、选择权和公平交易权。同日，原告向被告发送了《企业告知书》，要求被告在销售智能电视时向消费者告知其产品存在开机广告，并且为消费者提供一键关闭开机广告功能，履行保护消费者知情权、选择权、公平交易权、健全投诉处理机制等法律义务。（3）提起本案公益诉讼。经过集中约谈，创维、长虹、海尔、小米、夏普、海信等智能电视生产厂商先后向原告发送整改情况回复函，原告认为上述厂商已经通过技术手段解决了一键关闭开机广告的问题。被告于2019年9月20日致函原告，对约谈函中提出的问题进行回复，于2019年10月21日再次致函原告，对电视开机服务进行承诺及保障。原告认为，多数智能电视经营者能够整改，但是被告并未积极整改。原告作为依法成立的消费者权益保护组织，依据《中华人民共和国民事诉讼法》第五十五条规定，提起公益诉讼，以维护众多不特定消费者的合法权益。

一审庭审中，被告辩称，电视在开机热机阶段完全无法播放电视内容，如果没有广告就是黑屏状态，因此待机期间的广告或其他用户自定义视频并未影响用户观看电视。

原告为证明开机广告并非智能电视必须具备的功能，提交了《测试报告》，并申请有专门知识的人孙国梓出庭，以证明智能电视开机时，技术上可以在播放广告同时实现一键关闭。孙国梓出具《专家意见》并陈述：（1）开机时播放广告不是智能电视开机的必要程序。（2）播放开机广告延长了开机时间，增加了消费者的等待时间。（3）智能电视开机广告需要利用因特网下载更新内容。（4）从技术可行性角度看，在播放开机广告同时可以提供一键关闭功能，消费者操作关闭广告的按键后，能够立即关闭广告。

关于提供一键关闭开机广告具体时间，被告陈述其已经提供开机广告一键关闭功能，是在15秒开机广告剩余5秒的时候出现一键关闭窗口。原告主张其诉讼请求是要求被告在智能电视开机广告播放同时提供一键关闭广告功能，即在开机广告播放时可以立即关闭、随时关闭。

另查明，原告江苏省消保委经江苏省人民政府批准，于2017年9月13日依法成立，代替原“江苏省消费者协会”履行《中华人民共和国消费者权益保护法》赋予的公益性职责。一审法院受理本案后，对本案受理情况进行了公告，但直至开庭前，无任何有权机关或社会组织申请参与本案诉讼。

再查明，一审期间，被告对其生产的智能电视的开机广告实施了整改，在外包装上就开机广告业务进行提示，增大提示字体。

本案一审的争议焦点为:被告是否应为其销售的智能电视在播放开机广告的同时提供一键关闭功能,是否侵害了消费者的知情选择权等合法权益,是否应承担相应的民事责任。

南京市中级人民法院一审审理认为:

消费者享有自主选择商品或者服务的权利。消费者享有公平交易的权利。《中华人民共和国广告法》第四十三条第一款规定:"任何单位或者个人未经当事人同意或者请求,不得向其住宅、交通工具等发送广告,也不得以电子信息方式向其发送广告。"第四十四条规定:"利用互联网从事广告活动,适用本法的各项规定。利用互联网发布、发送广告,不得影响用户正常使用网络。在互联网页面以弹出等形式发布的广告,应当显著标明关闭标志,确保一键关闭。"本案中,原告作为依法设立的组织,履行消费者协会的职责,开展对商品和服务的社会监督,受理消费者投诉,保护消费者合法权益,根据《中华人民共和国民事诉讼法》第五十五条、《中华人民共和国消费者权益保护法》第四十七条、《最高人民法院关于审理消费民事公益诉讼案件适用法律若干问题的解释》第一条规定,有权提起本案诉讼。被告生产和销售的"乐视 TV""Letv""Letv 超级电视"等品牌智能电视加载了开机广告,并通过互联网不断更新广告内容,消费者开机后会自动播放 15 秒左右的开机广告,且该广告直到播放最后 5 秒时才弹出一键关闭窗口,消费者才能选择关闭开机广告,侵害了消费者的选择权,降低了消费者观看电视的体验,侵害了众多不特定消费者的合法权益。而且,从技术角度看,智能电视在开机期间播放广告,完全可以做到播放广告的同时提供一键关闭功能。被告抗辩认为电视开机时需要热机等待,如不播放广告会出现黑屏,与事实不符,不予采信。原告要求被告为其销售的带有开机广告的智能电视在播放开机广告同时提供一键关闭广告功能,具有事实和法律依据,予以支持。考虑被告以前销售的老旧机型,受软硬件技术限制以及功能修改量大,对其已经出售的智能电视机不作整改时间限制。被告乐融致新电子公司应于本案判决生效之日起为其销售的带有开机广告功能的智能电视机在开机广告播放的同时提供一键关闭广告功能。

关于原告要求被告在销售智能电视时以显著方式提示或告知消费者其产品存在开机广告的诉讼请求,因被告已经进行了整改,在产品销售页面、产品说明书、乐视商城网站的购买协议均有相应告知,且在外包装上就开机广告进行了提示,增大了提示字体。被告在销售智能电视时对其存在开机广告事项基本履行了向消费者的告知义务,对原告的此项诉讼请求,不予支持。综上所述,原告江苏省消保委的部分诉讼请求有事实和法律依据,予以支持。

据此,依照《中华人民共和国消费者权益保护法》第九条、第十条、第四十七条,《中华人民共和国广告法》第四十三条第一款、第四十四条,《最高人民法院关于审理消费民事公益诉讼案件适用法律若干问题的解释》第一条、第四条、第十三条第一款,《中华人民共和国民事诉讼法》第五十五条之规定，南京市中级人民法院于2020年11月10日作出（2020）苏01民初62号民事判决：

一、被告乐融致新电子科技（天津）有限公司于本判决生效之日起为其销售的带有开机广告的智能电视机在开机广告播放的同时提供一键关闭功能；

二、驳回原告江苏省消费者权益保护委员会的其他诉讼请求。

一审判决后，乐融致新电子公司不服，向江苏省高级人民法院提起上诉。

乐融致新电子公司上诉称：（1）乐融致新电子公司为消费者提供了可选择设置全家福、旅游照片等作为开机视频或观看电视广告的功能，且提供了一键关闭功能，已经充分保护了消费者的选择权，一审法院对此未予回应并以设置一键关闭功能的可行性为由认定乐融致新电子公司侵犯消费者权益错误；（2）《中华人民共和国广告法》第四十三条明显落后于社会生活实际情况，一审法院无视智能电视产业的发展现状和客观情况，适用该规定处理本案对乐融致新电子公司过于苛刻，导致利益严重失衡，系适用法律错误。综上，请求撤销一审判决，驳回被上诉人江苏省消保委的全部诉讼请求。

被上诉人江苏省消保委辩称：（1）开机广告不是电视必须具备的功能，依据《中华人民法共和国广告法》第四十四条的规定，乐融致新电子公司有义务为其销售的智能电视在开机广告播放的同时提供一键关闭的功能，确保消费者选择观看或者不观看广告的权利；（2）江苏省消保委的诉讼请求是乐融致新电子公司在其销售的电视机上设置一键关闭而非其他功能，一审法院对上传照片、视频功能问题无须进行调查和回应；（3）设置一键关闭功能是为了保护消费者的选择权，并非不允许播放开机广告，也不损害乐融致新电子公司的经营利益。综上，一审法院认定事实清楚，适用法律正确。请求驳回乐融致新电子公司的上诉请求。

江苏省高级人民法院经二审审理，确认了一审查明的事实。

江苏省高级人民法院二审认为，本案二审的争议焦点为：（1）上诉人乐融致新电子公司销售的智能电视在播放开机广告时为消费者提供的可供选择的服务是否限制了消费者的选择权；（2）上诉人乐融致新电子公司提供的一键关闭的功能是否符合《中华人民共和国广告法》等法律规定。

二审法院认为，开机广告是智能电视的生产者通过智能电视的内置程序，利用因特网下载更新内容，并在用户开机时自动播放的广告。智能电视生产者对开机广告内容和播放模式具有决定权。因此，智能电视的生产者同时也是开机广告的经营者。本案系因消费者购买乐融致新电子公司生产的电视机出现开机广告问题引发的纠纷。消费者的自主选择权是指消费者有权根据自己的意愿自主选择或拒绝特定商品和服务的权利。鉴于乐融致新电子公司的双重身份，相较于传统消费纠纷，本案消费者的自主选择权具有更加丰富的内涵，自主选择权是否受到侵害应分为两个层面讨论。第一层面为乐融致新电子公司在消费者购买电视机时是否全面告知开机广告的有关情况，以此让消费者能够充分了解相关信息并自主选择购买或不购买电视机;第二层面为涉案电视机在播放开机广告时,是否按照法律规定设置了一键关闭功能,确保消费者享有拒绝接收开机广告的权利。

(一)关于乐融致新电子公司是否侵害消费者购买电视机的选择权问题。

二审法院认为,根据一审法院查明的事实,乐融致新电子公司整改后,在产品销售页面、产品说明书、乐视商城网站的购买协议和产品外包装上就开机广告进行了提示,增大了提示字体。从提示的内容来看,乐融致新电子公司已经表明开机时会出现开机广告,部分机型包装上还载明了可以通过设置照片、视频等方式替代开机广告。在一般情况下,尚不至于使消费者产生误解,从而可以保障消费者购买电视机的选择权。然而,需要指出的是,乐融致新电子公司在相关提示中关于消费者是否可一键关闭开机广告的表述还不够清晰,仍有继续改进的空间。综合考虑本案情况,一审法院认为乐融致新电子公司在销售智能电视时对其存在开机广告事项基本履行了向消费者的告知义务正确,予以支持。

(二)关于乐融致新电子公司是否侵害消费者观看开机广告的选择权问题。

二审法院认为,《中华人民共和国消费者权益保护法》第二十九条第三款规定"经营者未经消费者同意或者请求,或者消费者明确表示拒绝的,不得向其发送商业性信息。"《中华人民共和国广告法》第四十四条第二款规定:"利用互联网发布、发送广告,不得影响用户正常使用网络。在互联网页面以弹出等形式发布的广告,应当显著标明关闭标志,确保一键关闭。"可见,法律并不禁止广告经营者通过互联网等方式向消费者推送广告或者其他商业信息,但应当保证消费者的拒绝权(选择权)。上述规定已经充分考虑互联网的特点,平衡了广告经营者的商业利益、信息流通利益和消费者权益。消费者是否接收商业信息的选择权是基于自身意愿产生的无须说明理由的权利,通过显著方式设置一键关闭窗口是保证该权利实现的法定形式,也是经营者应承担的无条件的法定义务。该法定义务应当是即时和彻底的,关闭窗口只有与互联网广告同时出现且能够彻底关闭广告才能充分保护消费者的选择权,才能实现法律规定的"确保一键关闭""不影响用户正常使用网络"的规范目的。

本案中,乐融致新电子公司销售的智能电视为消费者提供了设置开机照片、视频的功能,但该功能只赋予了消费者选择看开机照片、视频或是开机广告的权利,并未赋予消费者拒绝观看开机广告或其他开机照片、视频的权利,不当限缩了消费者选择权的范围。因此该功能不能免除或替代经营者的法定义务。而江苏省消保委提交的《测试报告》和《专家意见》已经证明,播放开机广告延长了开机时间,增加了消费者的等待时间,且在播放开机广告的同时设置一键关闭功能在技术上并无障碍。因此,即使乐融致新电子公司所称基于技术原因,电视开机时需要热机等待,如不播放广告会出现黑屏的事实成立,也不能作为其拒绝设置一键关闭窗口的理由。乐融致新电子公司生产和销售的"乐视 TV""Letv""Letv 超级电视"等品牌智能电视加载的开机广告，在播放至最后5秒时才弹出一键关闭窗口，消费者才能选择关闭开机广告，明显降低了消费者观看电视的体验，侵害了消费者的选择权。

二审中，乐融致新电子公司辩称其销售的智能电视机设置开机广告符合行业规范的要求，设置的一键关闭功能也遵循广告法的规定，赋予了消费者选择权。对此，二审认为，《智能电视开机广告服务规范》未就开机广告应如何设置一键关闭功能以确保实现消费者的选择权作出明确规定，并不代表经营者可以自由设置一键关闭功能。行业协会对开机广告制定行业规范，非法律所禁止，但行业规范的内容不能违反法律规定，行业标准不能低于法定标准，经营行为符合行业规范并不当然意味着合法。现有证据表明，乐融致新电子公司设置的一键关闭不符合广告法的要求，不具有即时性和彻底性。乐融致新电子公司的抗辩系对广告法条文的错误解读，不予支持。一审法院认定乐融致新电子公司侵害了众多不特定消费者的合法权益，具有事实和法律依据，予以支持。

乐融致新电子公司自2019年10月21日致函江苏省消保委至本案二审开庭，已一年有余，其向江苏省消保委承诺改进开机广告，设置一键关闭窗口事实上并无实质性进展，足见乐融致新电子公司缺少履行承诺的诚意和动力。一审法院考虑乐融致新电子公司以前销售的老旧机型，受软硬件技术限制以及功能修改量大等原因，对其已经出售的智能电视机不作整改时间限制，仅判令乐融致新电子公司于本判决生效之日起为其销售的带有开机广告的智能电视机在开机广告播放的同时提供一键关闭功能，已经充分考虑了乐融致新电子公司的利益，体现了司法对市场主体的尊重和宽容，亦予以支持。

法院注意到当前消费市场普遍存在低价销售智能电视并通过播放开机广告营利的现实状况。法院充分尊重企业的经营模式和商业选择，深知消费市场的繁荣稳定离不开消费者、经营者、投资者等各类市场主体的积极参与和共同努力，必须依法维护各方权益，不可偏废导致利益失衡，也完全理解乐融致新电子公司对己方整改后竞争力下降的担忧。但是，市场允许的竞争应当是正当和公平的竞争，任何商业营利模式的创新都不能以违反法律规定，扭曲市场竞争，损害消费者和其他经营者的合法权益为代价。市场普遍存在违法现象更不能作为豁免特定经营者法律责任的理由。本案是全国第一起因开机广告提起的公益诉讼，不仅直接涉及众多不特定消费者权益，也间接影响数十家智能电视机生产企业的利益，还可能对未来智能电视行业的发展产生引导作用。法院高度重视各方关切，除严格依法公正审理案件，合理确定权利边界和行为界限，平衡利益冲突外，还将积极发挥司法职能，向有关部门和行业协会发送司法建议，跟踪受约谈经营者的整改进展，督促相关主管部门和行业自治组织进一步规范和惩处侵害消费者合法权益和市场公平竞争的违法经营行为，推动尽快制定智能电视开机广告强制标准，致力于与相关市场主体一起努力，构建健康和谐、充满活力的消费市场环境。

综上，上诉人乐融致新电子公司的上诉请求和理由均不能成立，不予支持。依照《中华人民共和国消费者权益保护法》第二十九条第三款，《中华人民共和国广告法》第四十四条第二款，《中华人民共和国民事诉讼法》第一百七十条第一款第一项之规定，江苏省高级人民法院于2021年3月23日作出(2021)苏民终21号民事判决：

驳回上诉，维持原判。

案例报送单位：省法院民事审判第一庭
一审合议庭成员：赵珺珉、胡庆东、李明伟
二审合议庭成员：俞灌南、何　斐、潘　宾
报送人：俞灌南、杨　晓、胡庆东
审稿人：卢燊绅

宿迁市人民检察院诉章雨民事公益诉讼案

(2021)参阅案例2号

【裁判摘要】

未成年人健康成长事关国家利益和社会公共利益。经营者在经营活动中应充分考虑未成年人合法权益，不得从事危害未成年人身心健康的经营行为。经营者向不特定未成年人提供文身消费服务，对未成年人身心健康、社会交往、入学就业产生不利影响，不仅侵害未成年人消费者的合法权益，也损害了社会公共利益。检察机关依法提起公益诉讼，请求经营者承担停止侵害、赔礼道歉等民事责任的，人民法院应予支持。

【相关法条】

1.《中华人民共和国民法总则》第三十五条　监护人应当按照最有利于被监护人的原则履行监护职责。监护人除为维护被监护人利益外，不得处分被监护人的财产。

…………

2.《中华人民共和国消费者权益保护法》第四十八条　经营者提供商品或者服务有下列情形之一的，除本法另有规定外，应当依照其他有关法律、法规的规定，承担民事责任：

(一)商品或者服务存在缺陷的；

…………

（九）法律、法规规定的其他损害消费者权益的情形。

3.《中华人民共和国未成年人保护法》第三条第一款　国家保障未成年人的生存权、发展权、受保护权、参与权等权利。

第四条　保护未成年人，应当坚持最有利于未成年人的原则。处理涉及未成年人事项，应当符合下列要求：

（一）给予未成年人特殊、优先保护；

…………

第六条　保护未成年人，是国家机关、武装力量、政党、人民团体、企业事业单位、社会组织、城乡基层群众性自治组织、未成年人的监护人以及其他成年人的共同责任。

国家、社会、学校和家庭应当教育和帮助未成年人维护自身合法权益，增强自我保护的意识和能力。

第一百零六条　未成年人合法权益受到侵犯，相关组织和个人未代为提起诉讼的，人民检察院可以督促、支持其提起诉讼；涉及公共利益的，人民检察院有权提起公益诉讼。

4.《最高人民法院关于审理消费民事公益诉讼案件适用法律若干问题的解释》第一条　中国消费者协会以及在省、自治区、直辖市设立的消费者协会，对经营者侵害众多不特定消费者合法权益或者具有危及消费者人身、财产安全危险等损害社会公共利益的行为提起消费民事公益诉讼的，适用本解释。

法律规定或者全国人大及其常委会授权的机关和社会组织提起的消费民事公益诉讼，适用本解释。

第二条　经营者提供的商品或者服务具有下列情形之一的，适用消费者权益保护法第四十七条规定：

（一）提供的商品或者服务存在缺陷，侵害众多不特定消费者合法权益的；

…………

（五）其他侵害众多不特定消费者合法权益或者具有危及消费者人身、财产安全危险等损害社会公共利益的行为。

第十三条第一款　原告在消费民事公益诉讼案件中，请求被告承担停止侵害、排除妨碍、消除危险、赔礼道歉等民事责任的，人民法院可予支持。

【点评】

未成年人是国家和民族的未来,保护未成年人健康成长,是国家、社会、学校和家庭的共同责任。新修订的《中华人民共和国未成年人保护法》确立了"最有利于未成年人"原则,增设了未成年人公益诉讼保护制度,进一步强化了未成年人保护的理念,明确国家保障未成年人的生存权、发展权、受保护权、参与权等权利,加大了未成年人权益保护力度。本案是检察机关依法对损害不特定多数未成年人利益行为提起的公益诉讼,对探索未成年人公益诉讼范围,维护未成年人合法权益具有参考价值。对于向不特定未成年人提供文身消费服务的行为应如何定性和评判,立法和司法上都存在空白。本案在对相关法律条文进行体系化解读和详细论证的基础上,认定向未成年人提供文身消费服务属于损害未成年人消费者利益、损害社会公共利益的经营行为,明确未成年人不应成为文身消费服务的对象,为类似案件的处理提供了参考,是人民法院贯彻"最有利于未成年人"原则,切实履行未成年司法保护职责的生动实践。

公益诉讼起诉人:江苏省宿迁市人民检察院。

被告:章雨,男,29 岁,汉族,住江苏省沭阳县。

公益诉讼起诉人起诉称:检察机关在办理未成年人刑事案件中发现,章雨存在为不特定未成年人文身的行为。2017 年 6 月 1 日以来,章雨在沭阳县沭城街道中华步行街经营"锦绣堂"文身馆期间,先后为 40 余名不特定未成年人文身。章雨在从事上述文身经营活动时,未进行工商注册登记、未取得卫生许可证,明知服务对象为未成年人,且未告知未成年人父母等法定代理人。同时章雨在未取得医疗美容许可证的情况下,为李某、戈某、孙某等 7 名未成年人清除文身。章雨的行为侵害了不特定多数未成年人的身体权、健康权,对未成年人的身心健康造成侵害,损害社会公共利益,特此提起民事公益诉讼,请求判令:(1)章雨不得向未成年人提供文身服务;(2)章雨在国家级媒体公开对为未成年人文身的行为及造成的影响向社会公众赔礼道歉。

被告章雨辩称,法律并未禁止任何个人和单位为未成年人文身,文身行为本身并不存在对错,错误在于人们对文身的认知。章雨向未成年人提供文身服务,双方之间形成服务合同关系,接受章雨文身服务的未成年人中,有的已经参加工作,可以视为完全民事行为能力人,有的年龄在十六七岁,对于文身可以作出独立判断,具有明确认知,该行为无须经过法定代理人追认即属有效。章雨在主观上不存在过错,文身行为亦未违反法律规定,故章雨的行为不属于侵权行为。即使认定构成侵权，章雨的文身行为涉及的未成年人也未达到社会全体或多数人的程度，并未损害社会公共利益，且该行为已经停止，故章雨不应当承担停止侵害、向社会公众赔礼道歉的民事责任。

宿迁市中级人民法院一审审理查明：

章雨自2017年6月1日开始从事文身经营，未办理营业执照，未取得卫生许可证、健康证，文身服务的消费者中包括未成年人。接受文身的未成年消费者中存在帮派成员。2018年至2019年，曾有未成年人家长因反对章雨为其子女文身而发生纠纷，公安机关介入处理。此后，章雨仍然向已存在文身的未成年人提供文身服务。章雨确认为本案所涉40余名未成年人提供文身服务，文身图案包括“一生苏北”、“一生戮战”、艺妓、二郎神、关羽、般若、唐狮、画臂、满背等，并为7名未成年人清除文身，分别收取数十元至数百元不等的费用。涉案文身未成年人陈述，章雨在提供文身服务时不核实年龄及身份，部分未成年人及其法定代理人陈述，因文身导致未成年人升学、就业受阻。

另查明，经沭阳县人民检察院委托检测，章雨文身时使用的颜料每1kg中含有11mg游离甲醛，超出每1kg中5mg的报告检出限。

从临床医学角度而言，文身是一种有创行为，颜料进入人体后着色，不能完全清除。激光清除是当前常用方法，清除过程存在明显痛感，累计需要清除4~5次，每次间隔3个月，总体清除周期在1年以上。清除文身的费用根据医院等级高低收费标准不同。

专业调查研究表明，未成年人文身后，易遭受社会排斥，被动形成自我认同，给未成年人造成心理创伤。文身行为会在未成年人群体中产生模仿效应，容易互相效仿。

就章雨的上述行为，沭阳县人民检察院于2020年12月25日立案调查，同日履行公告程序。公告期满后，无法律规定的机关和有关组织提起公益诉讼。宿迁市人民检察院认为，章雨的行为侵害不特定未成年人的合法权益，损害社会公共利益，遂提起本案公益诉讼。

宿迁市中级人民法院一审审理认为：

本案系检察机关在办理涉未成年人犯罪案件中发现，经立案调查和公告程序后，并无法律规定的机关和有关组织提起民事公益诉讼。根据《中华人民共和国民事诉讼法》第五十五条，《江苏省人民代表大会常务委员会关于加强检察公益诉讼工作的决定》第三条，《最高人民法院、最高人民检察院关于检察公益诉讼案件适用法律若干问题的解释》第五条、第十三条之规定，宿迁市人民检察院提起本案民事公益诉讼，主体适格，符合程序规定。

本案的争议焦点为：章雨向不特定未成年人提供文身服务的行为是否损害社会公共利益，是否应当承担停止侵害、向社会公众赔礼道歉的民事责任。

本案系公益诉讼起诉人根据《中华人民共和国消费者权益保护法》第四十八

条,《最高人民法院关于审理消费民事公益诉讼案件适用法律若干问题的解释》第一条、第二条规定提起的消费民事公益诉讼案件,应当依照上述规定对本案实体法律问题进行审查分析,以判断章雨提供的文身服务是否侵害未成年人消费者权益,是否损害社会公共利益,并最终根据章雨提供文身服务的特征、损害公共利益的类型,确定其承担民事责任的方式。

一、关于章雨向未成年人提供文身服务是否侵害未成年人消费者权益问题

章雨作为经营者,凭借自身技术、利用自有设备,向消费者提供文身服务,获得消费对价,涉案未成年人消费者在章雨处接受文身服务,支付服务价款,双方之间形成消费法律关系,应受消费者权益保护法调整。《中华人民共和国消费者权益保护法》第四十八条、《最高人民法院关于审理消费民事公益诉讼案件适用法律若干问题的解释》第二条均规定了经营者提供的商品或服务侵害消费者权益时,应承担法律责任。上述规定对经营者的不当经营行为进行列举表述,但并不能实现完全覆盖,故设置相应兜底条款,以保护非典型不当经营行为侵害的消费者权益。

被告章雨提供文身服务时,存在不具备营业执照、卫生许可及不持有健康证等执业主体瑕疵;经检测,其文身所使用的颜料中游离甲醛超标 1.2 倍,含有毒有害成分,服务内容亦存在缺陷。双方当事人对以上缺陷并无异议,应予确认,上述要素应认定构成服务缺陷,侵害消费者权益。因本案所涉消费主体为未成年人,针对这一特殊主体,即使章雨提供的文身服务无上述缺陷,依然构成对未成年人消费者利益的侵害。

1. 未成年人消费者权益受消费者权益保护法与未成年人保护法的双重保护。本案所涉文身服务的消费者为未成年人,其合法权益还受到未成年人保护法等法律的保护,故本案所涉法律关系,亦应当受未成年人保护法调整。

未成年人利益受法律特殊保护、优先保护。未成年人群体是整个公民群体中相对成年人而言的弱势群体和特殊群体,对其权利的侵害存在易发、隐蔽、救济困难等特征,故民法总则、未成年人保护法等法律均对未成年人给予特别关注与保护。《中华人民共和国未成年人保护法》第四条第一款规定:“保护未成年人,应当坚持最有利于未成年人的原则。处理涉及未成年人事项,应当符合下列要求:(一)给予未成年人特殊、优先保护……”文身本身属于有创行为,通过用针刺破皮肤后将颜料渗入的方式形成永久性色素沉着,产生长期留存的图案,可能导致未成年人皮肤发炎,并伴随感染风险。文身在一定程度上具有不可逆的特征,文身未成年人一旦后悔,悔恨感将长期伴随,造成持久的精神伤害。未成年人文身易遭受社会公众负面评价,并在入学、参军、就业等过程中受阻,影响其成长和发展。文身行为侵犯了《中华人民共和国未成年人保护法》规定的未成年人的“生存权、发展权、受保护权、参与权

等权利”。

2. 未成年人正值生长发育期,任何作用于未成年人身体的行为均应当受到合理规范,否则将可能改变未成年人正常的身体发育状态,影响其健康成长。未成年人心智尚不成熟,需要不断从外界吸纳各类知识、信息,完成逐渐社会化的过程。未成年人依赖于家长提供的物质条件,生活内容单一,长期处于家庭保护的封闭生活环境,缺乏社会经验,对各类信息的甄别能力不足,易受不良信息误导。因此,《中华人民共和国民法总则》第十九条规定:“八周岁以上的未成年人为限制民事行为能力人,实施民事法律行为由其法定代理人代理或者经其法定代理人同意、追认,但是可以独立实施纯获利益的民事法律行为或者与其年龄、智力相适应的民事法律行为。”将限制民事行为能力人实施的民事法律行为的范围进行合理限缩,防止其因为心智不成熟而遭受利益侵害。第三十四条第一款规定:“监护人的职责是代理被监护人实施民事法律行为,保护被监护人的人身权利、财产权利以及其他合法权益等。”第三十五条第一款规定:“监护人应当按照最有利于被监护人的原则履行监护职责。监护人除为维护被监护人利益外,不得处分被监护人的财产。”文身并非未成年人生活的必需服务,也非未成年人成长和发展的促进因素,除未成年人存在身体外观矫正等特殊需求情况下,为未成年人文身的行为不具有保护未成年人利益的特征。

综上,章雨向未成年人提供文身服务,损害未成年人的身体健康权,不利于未成年人的成长与发展,有碍未成年人充分行使参与社会生活的权利,违反了未成年人保护法、民法总则关于对未成年人、限制行为能力人利益保护的规定,应当认定为《中华人民共和国消费者权益保护法》第四十八条第一款中规定的“法律、法规规定的其他损害消费者权益的情形”。

二、关于章雨向不特定未成年人提供文身服务的行为是否损害社会公共利益问题

未成年人的发展与民族和国家命运紧密关联,未成年人的未来决定国家和民族的未来,全社会都应当重视未成年人保护,未成年人的健康成长事关国家利益和社会公共利益。根据《中华人民共和国未成年人保护法》第六条的规定,未成年人保护是全社会的共同责任,国家、社会、学校、家庭等对未成年人应有多层次保护。国家通过对未成年人的保护谋求社会发展的可持续性,未成年人在社会发展中的重要性日益凸显。未成年人保护存在显著的国家化、社会化、公法化趋势,未成年人利益呈现由私益向公益、未成年人保护职责呈现由监护人个人职责向国家公共职责的转变。当权利侵害行为涉及不特定未成年人的利益时,就不再单纯属于个人利益范畴,而具备公共利益属性,需要国家和社会积极干预。

对于特定的未成年人而言,文身存在损害身体健康,妨碍升学、就业等直接后果,而在未成年人群体中,如专家辅助人狄

小华陈述,易出现效仿和排斥的双重效应。排斥效应体现在文身未成年人在社会交往中易被标签化,遭受负面社会评价;效仿效应表现在因未成年人心智不成熟、追求个性,群体内部会对文身行为进行模仿。部分涉案文身未成年人陈述,是看到其他人文身后产生文身的想法,也存在未成年人互相陪同、共同文身的现象,说明文身易在未成年人群体中形成不良氛围。

本案中通过章雨为40余名未成年人所文身的图案可以反映出,未成年人的文身图案、符号、文字往往传递着封建迷信、江湖义气、帮派文化等有害思想,有悖于健康良好社会风尚的形成,与引导未成年人树立和践行社会主义核心价值观背道而驰,有的甚至还会诱发违法犯罪,进一步扩大文身行为在未成年人群体中的潜在伤害。章雨从事的是文身经营活动,该行为具有开放性特征,其在经营过程中,面对不特定文身消费者时并不进行筛选,对未成年人文身行为予以放任,所有可能接触到其经营场所的未成年人都是章雨的潜在顾客,文身行为可能在任意未成年人中随时、随机出现,侵害不特定未成年人的利益。因此,章雨向不特定未成年人提供文身服务,侵害了不特定未成年人的利益,该行为属于损害社会公共利益的行为。

三、关于章雨应当承担的民事责任问题

《中华人民共和国民法总则》第一百七十九条,《中华人民共和国侵权责任法》第十五条均规定了对民事责任的承担方式,主要包括停止侵害、排除妨碍、消除危险、赔偿损失、赔礼道歉等,上述方式既可单独适用,也可合并适用。《最高人民法院关于审理消费民事公益诉讼案件适用法律若干问题的解释》第十三条第一款规定:“原告在消费民事公益诉讼案件中,请求被告承担停止侵害、排除妨碍、消除危险、赔礼道歉等民事责任的,人民法院可予支持。”

关于章雨是否应承担停止侵害的民事责任。本案系为了维护社会公共利益而提出的民事公益诉讼案件,首要目的是责令经营者停止实施侵害消费领域公共利益和公共秩序的行为,防止损害行为的持续与反复,使损害结果和范围不再继续扩大。虽然章雨对涉案特定未成年人的文身服务已经结束,但章雨仍在从事文身服务经营。章雨在文身经营过程中,侵害不特定未成年人利益的方式是对文身对象不进行审核筛选,经营行为中损害不特定消费者权益的因素始终持续存在,应当予以制止。

章雨虽然提供了其拒绝向未成年人文身的微信聊天记录,但聊天记录中章雨的单方陈述,具有个人承诺特征,存在随时反复的可能。对章雨文身行为中可能侵害未成年人利益的要素,以人民法院禁止性裁判的方式予以固化,成为章雨在今后文身经营中的行为边界,防止其文身行为再次踏入未成年人保护的领域,符合公益诉讼的制度目的。因此公益诉讼起诉人的该项诉讼请求,具有事实和法律依据,应予支持。

关于章雨是否应承担向社会公众赔礼道歉的民事责任。赔礼道歉是一种用于弥补人格性损失的责任承担方式，在侵权责任中通常适用于人身权益被侵害的情形。针对受害人的精神痛苦，由侵害人通过赔礼道歉的方式，承受否定性社会评价，实现对受害人精神损害的弥补。在消费民事公益诉讼中，经营者不当行为造成的损害具有公共利益和个人利益的双重性。经营者不仅侵害了特定消费者的实际利益，也损害了未成年人健康成长这一社会公众共同享有的重要公共利益。章雨辩称其仅应向特定未成年人消费者赔礼道歉，事实上混淆了经营行为损害的个人利益与公共利益。即使受损消费者的范围能够确定，与经营者承担向公众赔礼道歉的民事责任亦不存在冲突。

综上，公益诉讼起诉人主张，章雨向不特定未成年人提供文身服务的行为，损害了社会公共利益，应当停止侵害、向社会公众赔礼道歉的诉讼请求，具有事实和法律依据，应予支持。章雨关于其向未成年人提供文身服务的行为未违反法律规定，不属于侵害未成年人利益的行为，更未损害社会公共利益的抗辩意见，不予采信。

据此，依照《中华人民共和国民法总则》第十九条、第三十四条第一款、第三十五条第一款、第一百一十条第一款、第一百七十九条，《中华人民共和国侵权责任法》第二条、第六条、第十五条，《中华人民共和国消费者权益保护法》第四十八条，《中华人民共和国未成年人保护法》第三条第一款、第四条、第六条、第一百条等规定，宿迁市中级人民法院于2021年6月1日作出(2021)苏13民初303号民事判决：

一、被告章雨立即停止向未成年人提供文身服务的行为；

二、被告章雨于本判决生效之日起十日内在国家级公开媒体向社会公众书面赔礼道歉(道歉内容须经本院审核)；如章雨未在上述期限内履行义务，本院将在相关媒体刊登判决书主要内容，所需费用由章雨负担。

案例报送单位：宿迁市中级人民法院
一审合议庭成员：金　飚、周　辉、黄亚非
蔡　雷、葛　坤、刘金艳
胡　敏
报送人：王桂禄
审稿人：缪　芳

谷阳、杜永华诉崇川区辉田日用品超市生命权纠纷案

（2021）参阅案例3号

【裁判摘要】

公共场所经营管理者为维护自身合法权益，在合理范围和限度内对顾客的不当行为采取必要的阻拦措施，属于合法的自助行为。顾客被阻拦后因自身疾病发生猝死，经营管理者及时报警求助，已经尽到安全保障义务，顾客近亲属主张经营管理者承担侵权责任的，人民法院不予支持。

【相关法条】

1.《中华人民共和国侵权责任法》第六条　行为人因过错侵害他人民事权益，应当承担侵权责任。

…………

第三十七条　宾馆、商场、银行、车站、娱乐场所等公共场所的管理人或者群众性活动的组织者，未尽到安全保障义务，造成他人损害的，应当承担侵权责任。

…………

2.《中华人民共和国民法典》第一千一百七十七条　合法权益受到侵害，情况紧迫且不能及时获得国家机关保护，不立即采取措施将使其合法权益受到难以弥补的损害的，受害人可以在保护自己合法权益的必要范围内采取扣留侵权人的财物等合理措施；但是，应当立即请求有关国家机关处理。

受害人采取的措施不当造成他人损害的，应当承担侵权责任。

【指导案例】

1.最高人民法院指导案例140号“李秋月等诉广州市花都区梯面镇红山村村民委员会违反安全保障义务责任纠纷案”裁判要旨：公共场所经营管理者的安全保障义务，应限于合理限度范围内，与其管理和控制能力相适应。完全民事行为能力人因私自攀爬景区内果树采摘果实而不慎跌落致其自身损害，主张经

营管理者承担赔偿责任的，人民法院不予支持。

2. 最高人民法院指导案例 142 号“刘明莲、郭丽丽、郭双双诉孙伟、河南兰庭物业管理有限公司信阳分公司生命权纠纷案”裁判要旨：行为人为了维护因碰撞而受伤害一方的合法权益，劝阻另一方不要离开碰撞现场且没有超过合理限度的，属于合法行为。被劝阻人因自身疾病发生猝死，其近亲属请求行为人承担侵权责任的，人民法院不予支持。

【点评】

本案涉及自助行为合法性的认定问题。自助行为与侵权行为在形式上具有一定的相似性，自助行为是否合法，重点考察行为的必要性、合理性。行为人为维护自身合法权益免受损害，在不能及时获得国家机关保护的紧迫情况下，可以在合理限度范围内采取制止侵权行为的措施。本案裁判认为，超市作为公共场所经营管理者负有安全保障义务，但该义务与超市维护自身合法权益的权利并不相悖。超市在合理限度范围内劝阻不当行为，该行为具有正当性。受害人因自身身体原因突发疾病，超市行为与该损害结果之间并不具有法律上的因果关系，超市不能因合法的自助行为承担侵权责任。虽然本案发生在民法典实施之前，但所运用的裁判理念与民法典第一千一百七十七条新增的自助行为条款是一致的。本案同时还明确，当损害发生后，在不具有法定理由的情况下，受害人不能随意要求他人承担责任，不能将自身应承担的风险转嫁他人，从保护合法权益和维护行为自由的角度重申了杜绝结果责任主义的价值导向。

原告：谷阳，男，32 岁，汉族，住南通市崇川区。

原告：杜永华，女，65 岁，汉族，住南通市崇川区。

被告：崇川区辉田日用品超市，住所地南通市崇川区。

原告谷阳、杜永华因与被告崇川区辉田日用品超市（以下简称辉田超市）发生生命权纠纷，向南通市崇川区人民法院提起诉讼。

原告谷阳、杜永华诉称：谷阳系谷某的儿子，杜永华系谷某的妻子。2020 年 6 月 13 日，谷某于被告处购物。被告员工认为谷某拿了两只鸡蛋未付款，与谷某言语发生冲突进而肢体拉扯，在此过程中谷某倒地。谷某经送医抢救无效死亡，医院诊断为心肌梗死。被告员工限制老人自由并引起群众围观是老人猝死的直接原因。即使法院认为被告员工拉扯老人的行为在合理范围内，但是被告未及时拨打 120，未能尽到安全保障义务和基本的救助义务的行为，一定程度上造成了老人死亡的严重后果，应当承担侵权责任。故谷阳、杜永华诉至法院，要求判令：(1) 被告按照 50% 的比例赔偿两原告医药费用1503.8元、丧葬费30000元、死亡赔偿金681982.08元、精神损害抚慰金50000元，合计赔偿额为381742元；(2)诉讼费用由被告承担。

被告辉田超市辩称：被告员工制止谷某偷窃行为时并没有辱骂、殴打谷某。谷某突然倒地，被告员工立即拨打110、120进行急救。被告制止原告家属的偷窃行为是行使自己的合法权利。谷某系因自身疾病死亡，其死亡与被告的合法行为不存在因果关系。

南通市崇川区人民法院一审查明：

2020年6月13日下午，谷某(原告谷阳父亲，杜永华丈夫)进入被告辉田超市后挑选鸡蛋放入购物袋，并将个别鸡蛋放入自己裤子口袋中，该行为被被告员工罗红霞注意到。谷某在收银台结账完毕离开被告处时，罗红霞和谷某进行了对话，谷某返回超市内，多名被告员工和谷某交谈对话，其间罗红霞拉扯了下谷某的衣服袖子并放开，被告员工周玉兰拉扯着谷某的衣服袖子并跟随谷某行走，在走至冰柜旁时，谷某突然倒地。被告员工周玉红拨打了110、120电话。其间，有两名路过的顾客对谷某进行胸外按压。之后，120工作人员到达现场对谷某进行急救并将谷某送至南通市中医院急诊科进行抢救，未能抢救成功，居民死亡医学证明(推断)书记载谷某死亡原因为心肌梗死。

一审法院认为，谷某的突然离世对于其家人无疑是一次沉重的打击。法院惋惜谷某的突然离世，也理解其配偶丧夫之痛，儿子丧父之痛，但在本案中被告是否应对谷某的死亡承担责任、承担何种责任以及责任大小应由法律作出评判。行为人因过错侵害他人民事权益，应当承担侵权责任。被告作为经营性的超市，在其合理限度范围内可以对顾客的不当行为进行劝导，本案中，被告员工发现谷某的不当行为后，从视频中看出被告员工和谷某之间有言语交流，被告员工用手拉住了谷某的衣袖，但该行为并未超过合理限度范围，故对于原告主张被告存在的违法行为，不予采信。宾馆、商场、银行、车站、娱乐场所等公共场所的管理人或者群众性活动的组织者，未尽到安全保障义务，造成他人损害的，应当承担侵权责任。根据居民死亡医学证明(推断)书的记载，谷某死亡原因为心肌梗死。对于突发的心脏骤停，现场的有效心肺复苏和早期除颤是关键，在心脏骤停后的4~6分钟是黄金抢救时间。谷某的死亡系其自身疾病发展所致，由于其病发突然，被告亦拨打了110、120，已尽到了安全保障义务和基本的救助义务。故本案中被告及其工作人员不存在侵权行为，且被告及其工作人员的行为与谷某的死亡之间亦无因果关系。因而对于原告的诉讼请求，不予支持。事发后，有两名顾客主动对谷某进行了胸外按压，该救助他人的行为亦是值得学习及弘扬的。

综上，南通市崇川区人民法院依照《中华人民共和国侵权责任法》第六条、第三十七条的规定，于2020年12月8日作出(2020)苏0602民初3758号民事判决：

驳回原告谷阳、杜永华的诉讼请求。

一审宣判后，谷阳、杜永华不服，向南通市中级人民法院提出上诉。

谷阳、杜永华上诉称:(1)一审庭审中谷阳、杜永华举证证明在谷某倒地20分钟后,辉田超市员工才拨打120,辉田超市对此未提出异议,故不能认定辉田超市尽到基本的救助义务。(2)居民死亡医学证明(推断)书载明谷某死亡原因为心肌梗死,一审判决却表述为“心脏骤停”,两者完全不同。辉田超市员工与谷某发生言语争执并造成围观,且有肢体接触,此是重要的诱因,与谷某突发心肌梗死有一定因果关系。(3)据知情人透露,事发的起因系谷某数日前在辉田超市购买了不新鲜的鸡蛋。因交涉退货无果,谷某便作出了拿辉田超市两个鸡蛋的行为。谷某系老知识分子,并无恶意。即便谷某该行为不对,但在其把两只鸡蛋放回后,辉田超市可以通过报警解决而不应当也无权限制其行动自由。辉田超市限制谷某自由并引起群众围观是其猝死的直接原因,谷某的发病与辉田超市的不当处理有因果关系。综上,请求撤销一审判决,改判支持谷阳、杜永华诉讼请求。

辉田超市辩称:谷某在偷窃鸡蛋被劝阻过程中忽然倒地,超市员工立即拨打了110、120,辉田超市已经尽到安全保障义务和基本的救助义务。其员工对不法行为进行制止和劝导合理合法,没有任何违法行为。谷某因疾病死亡与辉田超市员工的合法行为无任何因果关系。

南通市中级人民法院经二审,确认了一审查明的事实。

另查明,2020年6月13日15时03分51秒,谷某在辉田超市购买鸡蛋时,因藏匿两只鸡蛋放入裤子口袋内未结账,被该超市员工罗红霞拦住。15时04分01秒谷某返回超市内,15时04分49秒谷某将两只鸡蛋悄悄放入超市置物柜内,15时06分41秒谷某突然倒地。超市员工于15时07分34秒拨打110,在15时24分45秒接处警民警电话提示后,于15时26分19秒拨打120。120急救中心救护人员于15时40分到达辉田超市内,用时约14分钟。

南通市中级人民法院二审认为,本案的争议焦点为:(1)辉田超市是否应对谷某因争执倒地承担侵权责任;(2)辉田超市在谷某倒地后是否尽到安全保障义务。

关于争议焦点1。本案系因受害人藏匿两只鸡蛋未结账引发的纠纷。判断辉田超市是否应当承担侵权责任可从行为人的过错、行为的违法性、行为与损害后果之间的因果关系等角度展开分析。

关于辉田超市是否存在过错的问题。过错是行为人对发生损害后果所持的主观状态。判断行为人是否具有过错应当分析行为人是否尽到了社会交往中的必要注意义务。本案中,辉田超市监控视频显示,辉田超市员工在发现谷某的不当行为后,主要通过拉住衣袖、语言交流的方式与其交涉。双方之间并无大幅度、过激的动作,谷某在双方交涉时仍可前后走动。辉田超市与谷某交涉的目的是维护超市正常经营秩序,制止不当行为。反观谷某,其在被超市员工拦住返回超市时,采取相对隐蔽的方式将裤袋里的鸡蛋放至超市置物柜上,且对辉田超市的交涉采取回避的态度。辉田超市员工与谷某素不相识,更不清楚其身体状况,对其突发疾病倒地无法预见,辉田超市员工劝阻行为也较为克制,对谷某倒地死亡不存在过错。

关于辉田超市的劝阻行为是否违法的问题。最高人民法院第142号指导案例裁判要旨指出“行为人为了维护因碰撞而受伤害一方的合法权益,劝阻另一方不要离开碰撞现场且没有超过合理限度的,属于合法行为。被劝阻人因自身疾病发生猝死,其近亲属请求行为人承担侵权责任的,人民法院不予支持。”可见,只要未超过合理限度,即使是他人阻拦不当行为人也是被法律认可的。本案中,辉田超市作为谷某不当行为的直接利益相关方,其员工拉扯谷某衣袖,继续与谷某交谈,制止不当行为的举措更具有正当性,更应受到法律的保护。从监控视频也可以看出双方没有发生肢体冲突,辉田超市员工的劝阻方式和内容均在合理限度之内。因此,该劝阻行为是正当的,不具有违法性,应认定为合法的自助行为。

关于劝阻行为与损害后果是否存在因果关系的问题。虽然辉田超市员工的劝阻可能诱发谷某情绪波动而突然倒地,但事实上的因果关系有别于法律上的因果关系。判断行为与损害后果的因果关系不仅应满足必要性,即无此原因必无此结果的条件关系,还需要考察是否具有相当性,即有此原因通常有此结果的相当性。本案中,从辉田超市员工与谷某交涉到谷某倒地,前后不到3分钟。辉田超市员工的劝阻方式、内容和时长均在合理限度内。故从社会一般观念来看,该行为通常并不会造成谷某突发疾病倒地。根据谷阳、杜永华陈述,谷某有高血压等基础病史,其倒地原因主要在于自身身体状况。综上,辉田超市员工的劝阻行为与谷某倒地之间不具有相当性,不能认定为存在法律上的因果关系。

关于争议焦点2。《中华人民共和国侵权责任法》第三十七条以及《中华人民共和国消费者权益保护法》第十八条第二款规定“宾馆、商场、餐馆、银行、机场、车站、港口、影剧院等经营场所的经营者,应当对消费者尽到安全保障义务。”尽管辉田超市对谷某的倒地不具有过错,但作为经营者对经营管理场所的消费者仍应尽到安全保障义务。安全保障义务是指经营者对消费者的人身和财产安全的必要注意和照顾义务,包括事故发生后的救助义务。但是,安全保障义务有其相应的内涵和边界,并不等同于担保义务,不能以受害人死亡结果反向推论经营者未尽到安全保障义务。本案应首先确定辉田超市应承担的安全保障义务的范围。

最高人民法院第140号指导案例裁判要旨指出“公共场所经营管理者的安全保障义务,应限于合理限度范围内,与其管理和控制能力相适应。”确定安全保障义务的范围,应符合社会公众对安全保障的一般期待,既要为受害人提供必要的保护,也要避免对安全保障义务人课以过重责任。本案中,在谷某倒地后,辉田超市员工第一时间拨打了110报警求助。从110接出警记录的内容可知,辉田超市员工报警求助时不仅客观描述了纠纷的原因和过程,还如实陈述了谷某晕倒的事实。在接出警民警提示下,辉田超市员工又迅速拨打120抢救。因此,从本案的发生原因和发展过程来看,虽然辉田超市拨打120系在谷某倒地后近19分钟，但鉴于谷某倒地前双方发生纠纷，谷某倒地又具有突发性，辉田超市员工难以对谷某身体状况进行判断的情况下，通过拨打110处理纠纷，符合一般公众的社会认知，具有合理性，应认定为辉田超市尽到了安全保障义务。

从救助行为与死亡结果的因果关系来看，医方推断谷某的死亡原因为心肌梗死，而心肌梗死有多种情况，包括心脏骤停。辉田超市拨打110后，已有群众对谷某进行心肺复苏胸外按压抢救，仍未能挽救其生命。心肌梗死具有突发性和极高的致死率。即使辉田超市第一时间拨打120，按照通常行驶时间，120急救中心人员需要14分钟方能到达现场施救，也难以挽回谷某的生命。因此辉田超市在事发近19分钟时拨打120与谷某的死亡后果之间亦不具有法律上的因果关系。

综上，谷某突发疾病去世，法院深感惋惜。但是，当前社会风险和损害无处不在，侵权责任法不能给所有的损害提供救济。侵权责任法须权衡和协调两种基本价值：保护合法权益和维护行为自由。相对于特定的受害人而言，行为自由关乎每个人的利益。只有法律保护每个人不被任意地要求承担责任时，才能避免动辄得咎，民事主体的行为自由才能得到充分保护，民事主体的人格才能全面发展。当损害发生后，如果不具有法律规定的理由，受害人不能随意要求他人承担责任，不能将自身应承担的风险转嫁他人承担。辉田超市对谷某因争执倒地不构成侵权，在谷某倒地后也尽到了安全保障义务，一审法院认定辉田超市不应承担赔偿责任正确，应予以维持。

综上所述，谷阳、杜永华的上诉请求不能成立，应予驳回；一审判决认定事实基本清楚，适用法律正确，应予维持。据此，南通市中级人民法院依照《中华人民共和国民事诉讼法》第一百七十条第一款第一项规定，于2021年3月25日作出(2021)苏06民终189号民事判决：

驳回上诉，维持原判。

案例报送单位：南通市中级人民法院
一审合议庭成员：唐文新、周继鹏、张菊芳
二审合议庭成员：刘碧波、顾晓威、王建勋
报送人：刘碧波、毛校霞
审稿人：宋大振

潘鑫涛诉姚骏安装可视门铃侵害隐私权纠纷案

（2021）参阅案例4号

【裁判摘要】

自然人的私人生活安宁和个人私密信息依法受到保护。自然人日常进出个人住宅的出行规律、访客来往等活动信息，与其私人生活安宁和家庭财产安全直接关联，自然人不愿为他人知晓的，该活动信息属于隐私权的保护范围。行为人安装具有摄录、存储功能的可视门铃装置，超出了防盗的必要范围和合理限度，侵害他人隐私权，被侵权人主张行为人承担停止侵害、排除妨碍、消除危险等民事责任的，人民法院应予支持。

【相关法条】

1.《中华人民共和国侵权责任法》第二条　侵害民事权益，应当依照本法承担侵权责任。

本法所称民事权益，包括生命权、健康权、姓名权、名誉权、荣誉权、肖像权、隐私权、婚姻自主权、监护权、所有权、用益物权、担保物权、著作权、专利权、商标专用权、发现权、股权、继承权等人身、财产权益。

第三条　被侵权人有权请求侵权人承担侵权责任。

第六条　行为人因过错侵害他人民事权益，应当承担侵权责任。

根据法律规定推定行为人有过错，行为人不能证明自己没有过错的，应当承担侵权责任。

2.《中华人民共和国民法典》第一千零三十二条　自然人享有隐私权。任何组织或者个人不得以刺探、侵扰、泄露、公开等方式侵害他人的隐私权。

隐私是自然人的私人生活安宁和不愿为他人知晓的私密空间、私密活动、私密信息。

第一千零三十三条　除法律另有规定或者权利人明确同意外，任何组织或者个人不得实施下列行为：

（一）以电话、短信、即时通讯工具、电子邮件、传单等方式侵扰他人的私人生活安宁；

（二）进入、拍摄、窥视他人的住宅、宾馆房间等私密空间；

（三）拍摄、窥探、窃听、公开他人的私密活动；

（四）拍摄、窥视他人身体的私密部位；

（五）处理他人的私密信息；

（六）以其他方式侵害他人的隐私权。

第一千零三十四条　自然人的个人信息受法律保护。

个人信息是以电子或者其他方式记录的能够单独或者与其他信息结合识别特定自然人的各种信息，包括自然人的姓名、出生日期、身份证件号码、生物识别信息、住址、电话号码、电子邮箱、健康信息、行踪信息等。

个人信息中的私密信息，适用有关隐私权的规定；没有规定的，适用有关个人信息保护的规定。

第一千零三十六条　处理个人信息，有下列情形之一的，行为人不承担民事责任：

（一）在该自然人或者其监护人同意的范围内合理实施的行为；

（二）合理处理该自然人自行公开的或者其他已经合法公开的信息，但是该自然人明确拒绝或者处理该信息侵害其重大利益的除外；

（三）为维护公共利益或者该自然人合法权益，合理实施的其他行为。

【点评】

随着互联网技术的不断发展，各种互联网应用和智能化设备开始在人们的身边大量出现。人们在享受这些设备所带来的生活便利的同时，也面临着个人隐私暴露的风险。本案即是因安装具有摄录、存储功能的可视门铃而引发的侵犯相邻方隐私权的纠纷。本案中，被告为保障自身的人身财产安全，在自家入户门口安装可视门铃，其行为本身具有相应的合理性，但被告在维护自身权益的同时，也应避免对他人合法权益造成侵害。而原告日常进出个人住宅的信息，是否属于隐私权的保护范围呢？传统观点认为“隐私止于屋门之前”，但是随着社会生活的不断发展，隐私权的客体和保护方式也在不断发生变化。本案判决时民法典尚未施行，法院依据既有法律规定审理认为，案涉可视门铃可以拍摄到原告日常进出个人住宅的信息，包括出行人员、出行规律、访客来往等活动信息，虽然发生在业主共有区域，但“公民进出住宅的信息与家庭和财产安全、私人生活习惯等高度关联，应视为具有隐私性质的人格权益，受法律保护”。本案最终对原告要求被告拆除可视门铃的诉请予以支持，体现了司法对于隐私权保护范围认定上的与时俱进,契合民法典新增的关于隐私保护的法律精神,同时也对当事人之间权力行使边界进行了准确厘清,进一步引导社会公众依法、合理行使自身权利。

原告:潘鑫涛,男,34 岁,住无锡市梁溪区。

被告:姚骏,男,38 岁,住无锡市滨湖区。

原告潘鑫涛与被告姚骏因安装可视门铃发生纠纷一案,向无锡市梁溪区人民法院提起诉讼。

原告潘鑫涛诉称:其系无锡市某小区×单元 1001 室业主,姚骏系同一小区同一单元 1002 室业主。2019 年 4 月 12 日,其发现姚骏自行在公共部位安装了可视门铃。该门铃可记录其进出、来客及屋内生活空间等情况,其隐私受到了侵害。双方曾多次协商解决无果,遂诉至法院。综上,请求法院判令:(1)要求姚骏拆除安装在 1002 室门口的可视门铃。(2)判令姚骏删除可视门铃中与其相关的所有影视资料。(3)判令姚骏向其赔礼道歉。(4)本案诉讼费由姚骏负担。

被告姚骏辩称:(1)其所购的 1002 室房屋因开发商统一安装的防盗门未安装门铃及猫眼,其也不经常居住该处,出于人身及财产安全的需要,才安装了可视门铃,并无侵犯潘鑫涛隐私的意图,实际上也未侵犯潘鑫涛隐私。(2)其所购买的 360 品牌智能门铃是经过国家有关机关批准生产的,符合国家规定的标准。(3)潘鑫涛采取威胁拆除、恶言相向等方式强迫其拆除门铃,对其造成了不良的影响。其出于保护人身及财产安全目的,通过正常渠道购买并依照产品说明安装“360”品牌可视门铃,并未侵犯潘鑫涛隐私,要求法院驳回潘鑫涛的诉讼请求。

无锡市梁溪区人民法院一审查明:

本案所涉可视门铃产品名称:360 可视门铃,型号:D819,镜头视角:对角视角 162 度,水平 110 度,垂直 100 度,红外夜视距离:3 米,感应角度:130 度,感应距离:最大 3 米,监测范围远、中、近用户可调,支持逗留徘徊监测,人脸身份识别,存储为 360 安全云存储及本地 TF 卡存储,根据产品介绍,360 安全云存储的时间为 48 小时,若有人在门口停留时间超过 15 秒,门铃立即拍摄短视频推送到用户手机,内置人体传感器可感知门前动态,3 米内有人出现,会录制视频等。该可视门铃安装在 1002 室入户门右侧靠近门框中间部位墙壁上。潘鑫涛所在的 1001 室与姚骏所在的 1002 室成 L 形结构,潘鑫涛出入 1001 室均需经过 1002 室门口,根据本案所涉可视门铃参数说明及涉案两房屋的房屋结构,本案所涉可视门铃可对潘鑫涛在其所属 1001 室进出情况等活动信息进行记录。

无锡市梁溪区人民法院一审审理认为:

双方争议在于:(1)潘鑫涛在住宅门口的活动信息包括潘鑫涛进出所属房屋的活动信息等是否属于隐私。法院认为,隐私是指公民不愿为他人知晓或公开的私人信息、活动和习惯等人格利益。公民的私人生活安宁与私人信息秘密依法受到保护,不允许他人非法获悉、收集、利用和侵扰。公民进出住宅的信息与家庭和财产安全、私人生活习惯等高度关联,应视为具有隐私性质的人格权益,受法律保护。(2)姚骏为保护自身人身及财产安全,能否安装本案所涉可视门铃的问题。法院认为,姚骏安装本案所涉可视门铃动机在于保护自身人身及财产安全,避免自身合法权益受不法侵害,具有相应的合理性,但姚骏在维护自身合法权益时,也负有不妨害他人合法权益的注意义务。(3)姚骏安装本案所涉可视门铃是否超出了合理界限的问题。本院认为该可视门铃具有自动摄录、存储、可以完整获悉潘鑫涛等1001室住户日常进出的全部信息。潘鑫涛对此极为反感,双方因此发生多次争吵。姚骏坚持在1002室门口安装可视门铃持续对潘鑫形成了干扰、影响了正常生活,超出了合理限度。

综上,法院认为,姚骏为保护自身人身及财产安全,在其所属的1002室门口安装带有自动摄录、存储,可完整记录他人进出住宅活动信息的可视门铃,未能尽到妥善注意义务,导致行为超出了合理限度,具有过错,构成了对潘鑫涛的侵权,应承担相应的民事责任,据此潘鑫涛要求姚骏拆除安装在1002室门口可视门铃的诉讼请求,于法有据,予以支持。因所涉可视门铃可对所录视频具有存储功能,潘鑫涛要求姚骏删除可视门铃中与其相关的所有影视资料的诉讼请求,于法有据,予以支持。姚骏安装本案所涉可视门铃,虽对潘鑫涛的生活带来了干扰,但未对潘鑫涛造成严重后果,故潘鑫涛要求姚骏赔礼道歉的诉讼请求,不予支持。

综上,依据《中华人民共和国侵权责任法》第二条、第三条、第六条第一款之规定,无锡市梁溪区人民法院于2019年9月29日作出(2019)苏0213民初6264号民事判决书:

一、姚骏于本判决发生法律效力之日起三日内拆除安装在1002室入户门外的360牌可视门铃,并删除该可视门铃记录的与潘鑫涛有关的所有影像资料。

二、驳回潘鑫涛的其他诉讼请求。

一审宣判后,姚骏不服,向无锡市中级人民法院提起上诉。

姚骏上诉称:(1)一审判决将潘鑫涛诉讼请求“判令被告立即拆除其安装在1002室门口的可视门铃”中的“门口”扩大为“入户门外”,已超出潘鑫涛民事起诉状所主张的诉讼请求的范围。从公共区域与私有区域的划分上看,“入户门外”的范围明显大于“门口”的范围。同时一审判决要求其“删除该可视门铃记录的与潘鑫涛有关的所有影像资料”,一审中其已告知潘鑫涛及法庭,可视门铃的影像储存在360公司安全云存储中且储存时间为48小时并进行滚动覆盖,用户无法对此进行人为操作,潘鑫涛也对以上事实予以认可,故对此无须再作出判决。一审判决已明显超出了潘鑫涛的诉讼请求,违反了人民法院“不告不理”的审理原则。(2)一审判决认定基本事实不清、基本证据不足。一审法院并未对该产品的功能进行详细调查,仅根据潘鑫涛提供的360公司网页宣传中介绍该产品有自动摄录、存储等功能,即认为其利用以上功能获悉并记录了潘鑫涛居住的1001室住户日常进出的全部信息有失妥当。潘鑫涛也未提供证据证明其使用了上述自动摄录及存储功能。针对以上功能,360公司允许用户在手机端自行关闭人体移动侦测功能。也就是说,关闭该功能后,即使有人在门口停留徘徊门铃也无法侦测、拍摄。现其已关闭该可视门铃的上述功能,该可视门铃目前仅作为一般门铃进行使用,仅在有人按门铃时通过音乐、电话或短信等方式通知用户,并且潘鑫涛也在庭上确认其确实关闭了门铃的人体移动侦测功能,一审判决对潘鑫涛确认的事实视而不见,却把潘鑫涛提供的几张广告作为认定其实施了侵权行为的主要依据明显有失偏颇。(3)一审判决明显有失公允,违反了公平公正原则。一审判决认为,其在1002室门口安装带有自动摄录、储存、可完整记录他人进出住宅活动信息的可视门铃,未能尽到妥善注意义务,导致行为超出了合理限度,具有过错,从而认定其构成了对潘鑫涛的侵权。其认为,随着社会科技的发展与进步,可视门铃在社会中的应用已经越来越广泛,甚至目前市场上已经基本找不到不带有摄像头的门铃设备。其由于购买的房屋入户门无法安装门镜,出于保护自身人身及财产安全的考虑,安装了经过国家机关批准生产并符合国家规定的可视门铃。同时,出于注意义务,其已经关闭了该可视门铃的自动摄像功能,仅保留了该产品的门铃通知功能,一审判决认定其未能尽到妥善注意义务致行为超出合理限度,依据不足。综上,要求二审法院依法撤销一审判决,驳回潘鑫涛的诉讼请求或改判发回重审。

被上诉人潘鑫涛答辩称:(1)一审判决结果未超出其一审诉讼请求的范围。其一审诉讼请求中关于"门口"的表述与一审判决中关于"入户门外"的表述,在含义上是相同的,仅是表述方式不同而已,而无论采用何种表述,均不影响法院对姚骏安装可视门铃侵犯其个人隐私的认定。一审判决要求姚骏删除该可视门铃所记录的与其有关的所有影像资料,该判决内容正是其一审诉讼请求之一,故一审判决并未超出其一审诉讼请求的范围。姚骏称"可视门铃的影像存储在360公司安全云存储中且存储时间为48小时并进行滚动覆盖",一审中其对姚骏的该主张并未予以认可。(2)根据姚骏提供的用户手机端操作界面的截图可知,姚骏可以根据自己的需要随时开启或关闭可视门铃的相关功能,这就使其及其家人、访客随时有可能被该可视门铃侦测、拍摄,其因此而面临巨大的不安、不确定性和压力,且其对该可视门铃的使用情况完全无法约束或控制。根据姚骏提供的用户手机端操作界面的截图可知,姚骏还可以购买云录像使侦测录像的储存天数提升到7天,如果姚骏如此操作将使其遭受更大的侵害。因此,只要该可视门铃还安装在门口,对其来说实际存在的和潜在的风险就一直在那里,无法消除。(3)姚骏可以行使自己的权利,但是需要在合理的范围和合理的限度内,并且不能侵犯他人的合法权益。在其明确反对的情况下,姚骏坚持安装并使用该可视门铃将对其形成持续干扰，影响其生活，该权利行使行为明显超出了合理限度。(4)既然姚骏说可以将该可视门铃仅作为一般门铃进行使用，说明姚骏也认可安装可视门铃是非必要的，在其明确反对的情况下，姚骏应当拆除该可视门铃。综上，要求二审法院驳回上诉人的上诉，维持一审判决。

无锡市中级人民法院二审审理确认了一审查明的事实。并补充查明姚骏住宅的入户门与潘鑫涛住宅的入户门相邻，两门之间最近距离仅有156厘米，姚骏安装的360可视门铃位于潘鑫涛住宅门口的左前方(面朝门外方向)，该可视门铃的监控及摄录范围可覆盖潘鑫涛住宅的门口位置。如潘鑫涛房门敞开，潘鑫涛房屋内部门口位置的物品陈设情况及人员活动信息亦在该可视门铃的监控及摄录范围内。

二审中，经现场查验姚骏手机，潘鑫涛确认姚骏安装的该360可视门铃的安全云及本地TF卡中目前并未存储任何与其有关的影像资料。庭审中，双方一致确认案涉房屋本身均已安装安全防盗门，且房屋所在单元楼一楼入户大厅处亦安装了监控探头。

无锡市中级人民法院二审审理认为：

判断姚骏安装在其入户门口的360可视门铃应否拆除，首先应考虑姚骏安装和使用案涉360可视门铃是否侵犯了潘鑫涛的隐私权，其次应考虑姚骏在其入户门口安装并使用带有摄录、存储功能的360可视门铃是否确有必要。

隐私是自然人不愿为他人知悉或公开的私人信息、活动和习惯等人格利益。自然人的私人生活安宁与私人信息秘密依法受到保护，不允许他人非法获悉、收集、利用和侵扰。在住宅内的活动被非法知悉或侵扰直接影响着自然人的私人生活安宁，自然人在住宅内的活动不受窥视是隐私权保护的应有之义；而自然人进出住宅的信息与家庭和财产安全、私人生活习惯等高度关联，也应视为具有隐私性质的人格利益。因此，本案中，潘鑫涛在其住宅内的活动以及进出住宅的信息属于隐私权保护的范围。经法院现场勘察，姚骏住宅的入户门与潘鑫涛住宅的入户门相邻，两门之间最近距离仅有156厘米，姚骏安装的案涉360可视门铃位于潘鑫涛住宅门口的左前方(面朝门外方向)，该可视门铃的监控及摄录范围可覆盖潘鑫涛住宅的门口位置。如潘鑫涛房门敞开，潘鑫涛房屋内部门口位置的物品陈设情况及人员活动信息亦在该可视门铃的监控及摄录范围内。从该360可视门铃安装的位置和方向来看，该360可视门铃大部分视角可以拍摄到潘鑫涛住宅的门口，潘鑫涛进出住宅的活动信息存在被该360可视门铃摄录的可能。由于该360可视门铃的人体移动侦测功能可由用户在手机端自由开关，且该功能的开关并不能为潘鑫涛所控制，客观上潘鑫涛也无法对姚骏使用该360可视门铃的行为时刻进行监督，故即使该360可视门铃的人体移动侦测功能现已关闭，但潘鑫涛的个人隐私仍存在受到侵害的现实危险。

虽然我国现行法律法规并未明确禁止安装带有摄录、存储功能的门铃装置，但这并不意味着安装此类可视门铃可以不受任何限制。在安装、使用上述装置可能会给公共利益和他人隐私等合法权益造成侵害的情况下，当事人在安装前应当尽到妥善的注意义务并选择合理的安装方式和安装位置，以减少对公共利益和他人隐私的影响。因案涉房屋本身均已安装安全防盗门，且房屋所在单元楼一楼入户大厅处亦安装了监控探头，在此情况下，姚骏在1002室门口再行安装带有摄录、存储功能的360可视门铃已非必要。如姚骏认为案涉房屋现有的安全防范措施仍不足以保障其安全，确有必要安装门镜的，其可安装不带有摄录、存储功能的普通门镜或可在其他不能拍摄到潘鑫涛进出住宅信息的位置安装该360可视门铃，以实现保护其自身人身及财产安全的目的。姚骏在现有位置安装360可视门铃已对1001室住户潘鑫涛等的隐私权造成了现实威胁，且潘鑫涛对此极为反感，双方因此发生多次争吵。潘鑫涛主张姚骏拆除该360可视门铃，于法有据，二审法院予以支持。

关于一审判决是否超出潘鑫涛诉讼请求范围的问题。“门口”和“入户门外”在表述上虽有不同，但在含义上并无二致，该文字表述的不同亦不影响该项判决所涉标的物的确定。案涉360可视门铃的安全云及本地TF卡中目前虽未存储关于潘鑫涛的任何影像资料，但在该360可视门铃被实际拆除前，仍存在摄录及储存关于潘鑫涛的影像资料的可能，在此情况下，一审法院应潘鑫涛的诉请判令删除并无不当。姚骏关于一审判决已超出潘鑫涛一审诉讼请求范围的上诉主张，无事实依据，二审法院对此不予支持。姚骏以其入户门口安装的360可视门铃已经关闭人体移动侦测功能，没有对准潘鑫涛进出住宅的活动进行摄录、存储，且潘鑫涛亦无证据证明其已经对潘鑫涛的隐私权造成侵害为由，要求驳回潘鑫涛的一审诉讼请求，理据不足，二审法院对此不予支持。

综上所述，二审法院认为姚骏的上诉请求不能成立，应予驳回。一审判决认定事实清楚，适用法律正确，应予维持。依照《中华人民共和国民事诉讼法》第一百七十条第一款第一项的规定，无锡市中级人民法院于2019年12月27日作出(2019)苏02民终5307号民事判决：

驳回上诉，维持原判。

案例报送单位：无锡市梁溪区人民法院
一审独任审判员：冯朝昱
二审合议庭成员：林中辉、杜伟建、孙　宏
报送人：冯庆明、冯朝昱
审稿人：卢燊绅

左尚明舍家居用品(上海)有限公司诉北京中融恒盛木业有限公司、南京梦阳家具销售中心侵害著作权纠纷案

(2021)参阅案例5号

【裁判摘要】

著作权法保护的是实用艺术作品的艺术性而非实用性,具体判断时应重点把握实用艺术品的实用性与艺术性是否具有物理上或观念上的可分离性。对于满足独创性要求,且艺术性与实用性能够实现物理分离的实用艺术品,可以认定为实用艺术作品给予著作权保护。对于客观上难以就艺术性、实用性作出物理分离的实用艺术品,应当进一步就其艺术性和实用性因素做比较性判断,如实用性和艺术性在观念上可以分离,譬如设计部位的审美功能明显强于实用功能的情形下,原则上可以认定构成实用艺术作品,并给予著作权保护。

【相关法条】

1.《中华人民共和国著作权法》(2010年修正)第十条　著作权包括下列人身权和财产权:

…………

(五)复制权,即以印刷、复印、拓印、录音、录像、翻录、翻拍等方式将作品制作一份或者多份的权利;

(六)发行权,即以出售或者赠与方式向公众提供作品的原件或者复制件的权利;

…………

第四十八条　有下列侵权行为的,应当根据情况,承担停止侵害、消除影响、赔礼道歉、赔偿损失等民事责任;同时损害公共利益的,可以由著作权行政管理部门责令停止侵权行为,没收违法所得,没收、销毁侵权复制品,并可处以罚款;情节严重的,著作权行政管理部门还可以没收主要用于制作侵权复制品的材料、

工具、设备等；构成犯罪的，依法追究刑事责任：

（一）未经著作权人许可，复制、发行、表演、放映、广播、汇编、通过信息网络向公众传播其作品的，本法另有规定的除外；

…………

第四十九条　侵犯著作权或者与著作权有关的权利的，侵权人应当按照权利人的实际损失给予赔偿；实际损失难以计算的，可以按照侵权人的违法所得给予赔偿。赔偿数额还应当包括权利人为制止侵权行为所支付的合理开支。

权利人的实际损失或者侵权人的违法所得不能确定的，由人民法院根据侵权行为的情节，判决给予五十万元以下的赔偿。

第五十三条　复制品的出版者、制作者不能证明其出版、制作有合法授权的，复制品的发行者或者电影作品或者以类似摄制电影的方法创作的作品、计算机软件、录音录像制品的复制品的出租者不能证明其发行、出租的复制品有合法来源的，应当承担法律责任。

2.《中华人民共和国著作权法实施条例》第二条　著作权法所称作品，是指文学、艺术和科学领域内具有独创性并能以某种有形形式复制的智力成果。

【点评】

受著作权法保护的实用艺术作品必须具有艺术性，著作权法保护的是实用艺术作品的艺术性而非实用性。因此，对于实用艺术作品的著作权法保护，应重点把握实用艺术品的实用性与艺术性是否具有物理上或观念上的可分离性。对于完全可以从实用品中分离或原先就独立存在，后来应用到实用品上的美术作品，如在地毯、瓷器、餐具上的美术图案，或者玩具上的卡通形象。上述图案和形象可以容易地从实用品上分离，因此只要符合著作权法对于作品独创性的一般性要求即可受到著作权法的保护。对于不易作出艺术性和功能性“物理分离”的实用艺术品，如家具的立体造型、服装设计等，实践中存在较大争议。对此，本案二审法院的解决思路是：对于客观上难以就艺术性和实用性作出物理分离的实用品，应当进一步对这两类因素做比较性判断，在艺术性设计符合我国著作权法关于独创性的要求，实用性和艺术性在观念上可以分离，如设计部位的审美功能明显强于实用功能的情形下，原则上可以认定构成实用艺术作品，并给予著作权保护。对于虽然具备一定审美意义，但主要是为了实现产品功能的实用性设计应予排除，以避免将应由专利法律制度调整的工业设计不当纳入著作权法调整领域。本案中，尽管涉案家具设计中包含了功能性因素，但该功能性因素是任何一项家具设计通常具有的，且通过多种不同设计均能实现此功能。涉案家具选择的设计更多地体现为能够带来审美意义上的美感，并不能片面放大该设计同时具有满足家具性能的功能性因素而否定其实用艺术作品性质。据此，二审法院最终认定涉案唐韵衣帽间满足作品的独创性要求，构成具有实用价值的艺术作品，应当受到我国著作权法保护。

此外，在实用艺术作品保护中需要注意避免产品设计的不当垄断，要注意考虑对公共利益的影响，避免过度保护，不当挤占其他市场主体的经营空间。如果将实用品设计中的每一点变化和更新都由设计者垄断，则可能造成个体利益、行业利益和公共利益的失衡。因此，在实用艺术作品保护中，需要考虑设计空间大小这一因素。对于设计空间不大，实现产品功能的设计形式相对有限的领域，需要采取相对严格的审查标准，适度提高准入门槛，防止对行业和公共利益造成不当损害。

原告：左尚明舍家居用品（上海）有限公司，住所地在上海市奉贤区南桥镇金轩路8号9幢厂房。

被告：北京中融恒盛木业有限公司，住所地在北京市通州区张家湾镇南火垡村委会东300米。

被告：南京梦阳家具销售中心，住所地在江苏省南京市白下区光华门石林家居装饰广场一楼1076－1。

左尚明舍家居用品（上海）有限公司（以下简称左尚明舍家居公司）因与北京中融恒盛木业有限公司（以下简称中融木业公司）、南京梦阳家具销售中心（以下简称梦阳销售中心）侵害著作权纠纷一案，诉至南京市中级人民法院。

左尚明舍家居公司一审诉称，其于2009年2月1日创造完成“唐韵衣帽间组合柜”家具产品。梦阳销售中心为中融木业公司在南京地区的代理经销商。左尚明舍家居公司发现梦阳销售中心门店销售品牌为“越界”的红木衣帽间与“唐韵衣帽间组合柜”完全一致。“唐韵衣帽间组合柜”属于实用艺术品，中融木业公司侵犯了左尚明舍家居公司对该作品享有的复制权、发行权；梦阳销售中心侵犯了左尚明舍家居公司对该作品的发行权。请求法院判令：（1）中融木业公司停止生产、销售侵犯左尚明舍家居公司著作权的唐韵红木家具；（2）梦阳销售中心停止销售侵犯左尚明舍家居公司著作权的唐韵红木家具；（3）中融木业公司在其官网和《新民晚报》上刊登声明，消除影响；（4）中融木业公司、梦阳销售中心连带赔偿左尚明舍家居公司经济损失200万元；（5）中融木业公司、梦阳销售中心赔偿左尚明舍家居公司因制止侵权所支出的合理费用共计人民币95513.5元。

中融木业公司一审辩称，本案已过诉讼时效。左尚明舍家居公司作品体现了生活中常见的家具元素的组合，其设计缺乏创造性、艺术性，不构成著作权法意义上的美术作品。中融木业公司生产产品行为不属于著作权法意义上的复制、发行行为，且由中融木业公司设计人员独立完成，不构成侵权。

梦阳销售中心一审辩称，左尚明舍家居公司设计缺乏独创性，不构成著作权法意义上的美术作品，梦阳销售中心的销售行为不构成侵权。

一审法院查明：

左尚明舍家居公司成立于2007年7月17日，注册资金为260万美元，经营范围：生产新型建筑装饰材料、高档环保型装饰装修材料、各类家具，销售公司自产产品。

2009年1月，左尚明舍家居公司设计了一款名称为“唐韵衣帽间”的家具图（图纸编号为016－5－001、002、003），其中编号为016－5－001图案附产品配置（配置产品编号分别为纯铜门板拉手AB－185、纯铜角花AE－037、纯铜抽屉拉手AH－1759）。2009年3月15日左尚明舍家居公司与成都尚彩家居有限公司签订了《地区零售代理合同》，合同约定左尚明舍家居公司授权成都尚彩家居有限公司作为四川成都市区“左尚明舍”S系、1系、3系定制产品的唯一零售代理商。2009年6月19日成都尚彩家居有限公司向左尚明舍家居公司订购了“唐韵衣帽间”等家具产品。2009年7月，左尚明舍家居公司委托上海傲世摄影设计有限公司对其制作的系列家具拍摄照片（其中含016唐韵系列）。

2011年9月14日、2011年10月10日，左尚明舍家居公司先后在和家网、搜房网进行企业及产品介绍与宣传，同时展示了其生产的“唐韵衣帽间”产品照片。

2012年11月14日，左尚明舍家居公司向国家知识产权局申请了名为“衣帽间组合柜（唐韵）”的外观设计专利，该专利授权公告日为2013年3月27日（专利号为ZL201230552081.8）。2014年4月3日，中融木业公司向国家知识产权局就该专利权提出无效宣告请求。2014年9月12日，国家知识产权局专利复审委员会经审查，认为涉案专利不符合《中华人民共和国专利法》第二十三条第二款的规定，宣告涉案外观设计专利权全部无效。

2013年12月10日，左尚明舍家居公司根据《作品自愿登记试行办法》的规定，向上海市版权局申请对“唐韵衣帽间组合柜立体图案”进行登记。作品登记证书记载如下信息：登记号：沪作登字－2013－F－00138855号；作品名称：唐韵衣帽间组合柜立体图案；作品类别：美术作品；作者：崔华；著作权人：左尚明舍家居用品（上海）有限公司；制作时间：2009年2月1日；首次发表时间：未发表。

2013年11月25日，左尚明舍家居公司通过公证取证的方式，在梦阳销售中心购买了中融木业公司生产的“唐韵红木”的衣帽间家具一套（被控侵权产品）。左尚明舍家居公司同时还公证取证了中融木业公司“越界”品牌家具在互联网上的宣传情况。

一审审理中，将被控侵权产品与左尚明舍家居公司主张著作权的涉案作品进行对比。左尚明舍家居公司认为：（1）被控侵权产品整体呈 L 形，布局与其作品相同；(2) 被控侵权产品衣柜的门是整个家具最具独创性部分，它体现了中式对称的家具风格，衣柜门板四周嵌有铜角花，门下有四个抽屉，抽屉上有铜拉手与涉案作品上的铜拉手相同；(3) 涉案作品贴面花色呈黄、红、绿、褐、黑套色组成，颜色层次丰富，在棕红色中点缀了绿色，被控侵权产品花色以棕褐色为基础，中间掺杂黑色、青色花纹与涉案美术作品花色一致；(4) 被控侵权产品与涉案作品构成实质性相似。左尚明舍家居公司认为其作品独创点体现在：板材花色、铜配件设计、中式对称性。中融木业公司、梦阳销售中心认为：(1) 涉案作品与被控侵权产品均呈 L 形，但涉案作品 L 形拐角处为 45 度，被控侵权产品 L 形拐角处为 90 度，L 形和对称是家具设计的常见结构；(2) 二者整体结构存在较大差异，被控侵权产品按竖格板数量分割为 5 个独立单元，而涉案作品按竖格板数量分割为 7 个独立单元；(3) 花色方面，被控侵权产品为深褐色仿木纹理，呈亮黄色，涉案作品花色为红色、绿色组合，未见纹理结构；(4) 被控侵权产品花色及铜配件均从第三方处订购，为行业通用材料。中融木业公司同时认为其产品系其独立创作。

左尚明舍家居公司称为本次诉讼支出律师费 60000 元、公证费 16520 元、购买被控产品支出 15399 元及交通费等。

另查明，中融木业公司成立于 2007 年 5 月 14 日，注册资本为 1000 万元，经营范围：许可经营项目：加工贴面板、普通货运。一般经营项目：销售木地板、木门、建筑材料、家具、五金交电、经济贸易咨询；委托加工家具、木门，木地板。

中融木业公司拥有“越界”品牌。2011 年 7 月，中融木业公司设计人员设计了名称为“越界新中式”系列家具草图（含被控侵权产品图样）。2012 年 4 月 29 日北京越界家具南京专卖店开业，经营地在南京市光华门石林家居广场一楼。2012 年 4 月 27 日，《现代快报》在 B89 版对“北京越界家具南京专卖店”开业作了广告宣传，并展示其衣帽间产品。

2014 年 7 月 24 日，中融木业公司向国家版权局申请进行了作品登记。作品登记证书记载如下信息：登记号：国作登字 – 2014 – F – 00123424 号；作品名称：越界新中式；作品类别：美术作品；作者：北京中融恒盛木业有限公司；著作权人：北京中融恒盛木业有限公司；制作时间：2011 年 7 月 15 日；首次发表时间：2011 年 7 月 15 日。

梦阳销售中心于 2008 年 7 月 7 日经南京市工商行政管理局秦淮分局登记注册，经营场所在南京市白下区光华门石林家居装饰广场一楼 1076 – 1，经营范围：许可经营项：无。一般经营项目：板式家具、移门、装饰材料销售。

一审法院认为，中融木业公司的生产行为不属于著作权法意义上的复制行为。理由如下：

著作权法意义上对产品设计图、美术作品等的复制仅指以印刷、翻拍等复制形式使用图纸，而不包括按图生产工业产品。首先，左尚明舍家居公司主张其享有权利的涉案美术作品制作完成于 2009 年 2 月，源自2009年1月的设计，同时向法庭提交相应“唐韵衣帽间”设计图，以证明其于2009年即完成了涉案作品。而“唐韵衣帽间”设计图在设计结构、配饰上与美术作品“唐韵衣帽间组合柜立体图案”相同。其次，在著作权法意义上，所谓复制，应当是指美学或艺术表达成分的复制。因此，判断某一种平面到立体的行为是否构成复制，取决于立体实物本身是不是著作权法意义上的作品。一般而言，大型组合衣帽间产品往往根据房间墙体结构设计成L形、U形等不同形状，柜体内部依据置物功能有多种不同形式的隔断、抽屉、柜子，柜体之间的组合位置一般会依据订购者、使用者的喜好、房屋结构、环境等因素进行自由组合。且大型衣帽间家具柜体内部置物空间设计通常有较为固定的尺寸，属该类产品常见设计，对称性乃家具设计、制作的基本原则。其生产方式亦采用机械化生产线、自动化流水线的生产方式。故中融木业公司生产的被控“唐韵红木”衣帽间产品为实用工业产品，其功能性与艺术性无法分离，不构成作品。当然，中融木业公司的生产也就不构成复制权控制的复制行为。再次，被控“唐韵红木”衣帽间产品与涉案“唐韵衣帽间组合柜立体图案”美术作品存在以下不同：(1)L形衣帽间拐角角度不同，被控侵权产品呈90度角，“唐韵衣帽间组合柜立体图案”呈45度角；(2)板材花色不同，被控侵权产品为黄褐色不规则纹理，呈亮黄色，“唐韵衣帽间组合柜立体图案”呈红绿相间纹路，主体偏红色；(3)两者柜体内部空间分隔不同。且中融木业公司亦提供证据证明被控“唐韵红木”衣帽间产品由其自行设计，独立完成。

综上，中融木业公司生产的“唐韵红木”衣帽间产品为实用工业产品，该产品不是著作权法意义上的作品，其生产行为不是著作权法意义上的复制行为，因此，不构成侵权。据此，一审法院依照《中华人民共和国著作权法》第三条，第十条第一款五项、第六项和《中华人民共和国著作权法实施条例》第二条，第四条第八项的规定，于2014年12月16日作出(2014)宁知民初字第126号民事判决：

驳回左尚明舍家居用品(上海)有限公司的诉讼请求。

左尚明舍家居公司不服，向江苏省高级人民法院提起上诉。

左尚明舍家居公司上诉称：(1)一审判决部分事实认定错误，导致错判。原审法院认定“2011年7月，中融木业公司设计人员设计了名称为‘越界新中式’系列家具草图”，并基于此认定中融木业公司自行设计、独立完成被控侵权产品，该事实认定错误。中融木业公司提供的图纸设计简陋，只能看出一个衣帽间大概的格局和规格，板材花色、铜配件搭配等重要因素都不能从图纸中反映出来。该份证据也没有显示任何时间和创作人员的签名。即便上述证据是真实的，根据中融木业公司自身提交的著作权登记证书显示，其创作时间为2011年7月，远远晚于上诉人创作涉案作品时间，其完全有机会接触上诉人涉案作品。(2)原审法院未将一审判决归纳的争议焦点赋予上诉人发表辩论意见的权利，属于严重程序违法。根据一审判决表述，原审法院实际认为本案的争议焦点为被上诉人生产侵权产品的行为是否构成“平面到立体的复制”，原审法院在庭审中始终都没有归纳此争议焦点，更没有赋予上诉人发表辩论意见的权利。(3)原审法院擅自变更上诉人主张的权利客体，属于严重程序违法。上诉人始终主张的权利客体是上诉人设计的“唐韵衣帽间”家具作品，而非“唐韵衣帽间组合柜立体图案”，上诉人只是用设计图稿、版权登记证书、产品照片、销售合同、宣传报道等证据来证明涉案家具作品的创作时间、过程及展现家具实物外观，而不是将著作权保护范围限于一张家具立体效果图。(4)上诉人的“唐韵衣帽间”家具作品具有独创性，属于著作权法保护的作品。本案中，上诉人设计的“唐韵衣帽间”家具通过独特的花色纹路，搭配有纯手工黄铜配件，运用结构及装饰元素和中式对称的手法，展现了作品的复古和美感，产生了独特的艺术效果，是一件立体造型的美术作品，可以归属于实用艺术作品的美术作品，应当受到我国著作权法保护。(5)即便按照原审法院逻辑，被上诉人的行为也属于平面到立体的复制行为。原审法院认为被上诉人生产的被控“唐韵红木衣帽间”为实用工业品，其功能性与艺术性无法分离，不构成作品，该观点没有法律依据，属于原审法院自造的判断标准。

中融木业公司二审答辩称：原审判决认定事实清楚，适用法律正确，审理程序合法，依法应予维持。

梦阳销售中心二审未提交答辩意见。

本案二审争议焦点为：(1)上诉人主张的“唐韵衣帽间家具”能否构成作品并受著作权法保护；(2)被上诉人是否侵犯了上诉人涉案作品的著作权，以及应当承担何种侵权责任。

江苏省高级人民法院二审审理认为：

一、上诉人“唐韵衣帽间家具”属于我国著作权法保护的作品

《中华人民共和国著作权法实施条例》第二条规定，著作权法所称作品，是指文学、艺术和科学领域内具有独创性并能以某种有形形式复制的智力成果。本案中，上诉人“唐韵衣帽间家具”的整体形状，以及通过板材花色纹路，金属配件搭配，中式对称等设计的组合，融合中式、西式多种元素，整体富有美感，具备一定审美意义，满足作品的独创性要求，并可用于工业化大批量生产，具备可复制性和实用性特点。据此，法院认为上诉人主张的“唐韵衣帽间家具”构成具有实用价值的艺术作品，应当受到我国著作权法保护。

中融木业公司认为涉案“唐韵衣帽间家具”不具备独创性和艺术性，仅利用了此类家具常见设计和惯常元素，将衣帽间常见的内部结构组合搭配公用领域的通用配件，因此不构成实用艺术作品，不应受到著作权法保护。对此，法院认为，即便如中融木业公司所主张，涉案“唐韵衣帽间家具”采用相应公知设计，金属配件等相关配件亦为通用配件，但上诉人将上述元素组合并设计涉案“唐韵衣帽间家具”，该过

程包含着作者的取舍、选择、设计、布局等创造性劳动，符合我国著作权法有关作品独创性要求，应当受到著作权法保护。在中融木业公司未进一步提供证据或理由支持其主张的情形下，法院对其该项诉讼主张不予采纳。

上诉人主张其权利客体是其设计的“唐韵衣帽间家具”作品，而非“唐韵衣帽间组合柜立体图案”，其只是用设计图稿、版权登记证书、产品照片、销售合同、宣传报道等证据来证明涉案家具作品的创作时间、过程及展现家具实物外观，而不是将著作权保护范围限于一张家具立体效果图。法院经审查认为，上诉人该项主张与其在本案诉讼中的相关诉讼请求及陈述相符，具备事实和法律依据，应予采纳。一审判决将上诉人主张权利客体限定为“唐韵衣帽间组合柜立体图案”有所不当，二审法院予以纠正。

二、被上诉人侵犯了上诉人“唐韵衣帽间家具”作品的著作权

本案中，将上诉人“唐韵衣帽间家具”作品与被控侵权产品“唐韵红木衣帽间”相比较，两者整体均呈 L 型，均体现中式对称的设计风格，板材花色纹路相似，衣柜门板设计相似，铜配件装饰亦相同，整体设计以及独特装饰性特征构成实质性相同。虽然两者在 L 形衣帽间拐角角度、柜体内部空间分隔等存在相应不同，但仍属于非重点关注部分的差异，并不能使两者之间造成明显差别，也不能影响两者整体设计以及独特装饰性特征实质性相同的判定。据此，二审法院认为，根据现有证据，应当认定上诉人“唐韵衣帽间家具”作品与被控侵权产品“唐韵红木衣帽间”构成实质性相同。

中融木业公司主张被控“唐韵红木衣帽间”产品由其自行设计，独立完成，但并未能提供证据证明其于 2009 年 1 月之前，即早于上诉人设计完成涉案产品，也未能提供充分证据证明其于 2009 年 1 月之后，自行设计完成被控侵权产品，其提供的相关设计图纸并不能完全反映被控侵权产品的设计元素，亦缺乏形成时间、设计人员组成等信息，不能充分证明其该项诉讼主张。一审判决关于中融木业公司亦提供证据证明被控“唐韵红木”衣帽间产品由其自行设计，独立完成的认定缺乏事实依据，法院予以纠正。

据此，在上诉人“唐韵衣帽间家具”作品形成并发表时间早于被控侵权产品，两者之间构成实质性相同，中融木业公司具备接触上诉人作品的条件，且亦未能提供证据证明被控侵权产品由其自行设计，独立完成的情形下，应当认定中融木业公司侵犯了上诉人涉案“唐韵衣帽间家具”作品著作权，应当承担相应侵权责任。一审判决以被控侵权产品“唐韵红木衣帽间”为实用工业产品，其功能性与艺术性无法分离，不构成作品为由，认定中融木业公司的生产行为不构成著作权法意义上的复制行为，其行为不构成侵权，该认定不当，二审法院予以纠正。

三、关于本案侵权责任的承担

本案中，中融木业公司未经上诉人许可生产、销售被控侵权产品，侵害了上诉人

的著作权，依法应当承担停止侵权和赔偿损失的民事责任。对于上诉人主张中融木业公司应当赔偿其经济损失及合理费用2095513.5元的诉讼请求，其未举证证明因涉案侵权行为所受到的损失或中融木业公司因侵权所获的利润，二审法院综合考虑中融木业公司侵权行为的性质、过错程度、持续时间、经营规模、涉案作品的知名度及上诉人为制止侵权所支付的合理费用等因素，依法酌定本案赔偿数额。

梦阳销售中心未经上诉人许可销售被控侵权产品，侵犯上诉人的著作权，依法应当承担停止侵权的民事责任。对于上诉人主张梦阳销售中心承担赔偿责任的诉讼请求，鉴于梦阳销售中心仅以销售商的身份销售侵权产品，对被控侵权产品的购进具有正当、合法来源，其亦有合理理由相信被控侵权产品为合法的正规商品。因此，梦阳销售中心不应承担赔偿责任。

对于上诉人有关一审法院程序违法的主张，法院认为，一审法院始终围绕本案是否构成侵犯著作权这一焦点进行法庭调查，并未剥夺上诉人发表辩论意见等相关诉讼权利，上诉人该项主张不能成立。关于上诉人要求被上诉人刊登声明，消除影响的诉讼请求，由于并未有证据显示涉案侵权行为对上诉人商誉造成不良影响，故上诉人该项诉讼主张并无必要，法院对此不予支持。

综上所述，左尚明舍家居公司部分上诉理由成立，其相应上诉请求应予支持。一审判决适用法律错误，应予纠正。依照《中华人民共和国著作权法》第十条第一款第五项、第六项，第四十八条第一项，第四十九条，第五十三条；《中华人民共和国著作权法实施条例》第二条；《中华人民共和国民事诉讼法》第一百七十条第一款第二项之规定，江苏省高级人民法院于2016年8月30日作出（2015）苏知民终字第00085号民事判决：

一、撤销江苏省南京市中级人民法院（2014）宁知民初字第126号民事判决；

二、北京中融恒盛木业有限公司立即停止生产、销售侵害左尚明舍家居用品（上海）有限公司"唐韵衣帽间家具"作品著作权的产品的行为；

三、南京梦阳家具销售中心立即停止销售侵害左尚明舍家居用品（上海）有限公司"唐韵衣帽间家具"作品著作权的产品的行为；

四、北京中融恒盛木业有限公司于本判决生效之日起十日内赔偿左尚明舍家居用品（上海）有限公司经济损失（包括合理费用）30万元；

五、驳回左尚明舍家居用品（上海）有限公司的其他诉讼请求。

中融木业公司不服二审判决，向最高人民法院申请再审。最高人民法院于2018年12月29日作出（2018）最高法民申6061号民事裁定：驳回北京中融恒盛木业有限公司的再审申请。

案例报送单位：省法院民事审判第三庭
二审合议庭成员：顾　韬、史乃兴、张晓阳
报送人：顾　韬
审稿人：戴鲁霖

江苏省人民代表大会常务委员会任免名单

（2021 年 3 月 31 日江苏省第十三届人民代表大会常务委员会第二十二次会议通过）

免去茅仲华的省高级人民法院副院长、审判委员会委员、审判员职务；

免去刘亚平、宋健、孙辙的省高级人民法院审判委员会委员、审判员职务；

免去吴万江、杨长青的省高级人民法院审判员职务。